Thierry Schneider

FAIRE AUJOURD'HUI

ce que tous feront demain !

Le leadership naturel de l'*Athlète de la Vie*

UN MONDE DIFFÉRENT

Du même auteur

Thierry Schneider, *Vivre grand*, Brossard, Éditions Un monde différent, 1999, 208 p.

Thierry Schneider, *Cœur à Cœur*, Brossard, Éditions Un monde différent, 2000, 256 p.

Thierry Schneider, *Joy, tout est possible!* Brossard, Éditions Un monde différent, 2001, 224 p.

Thierry Schneider, *Athlète de la Vie, agir ou subir?* Brossard, Éditions Un monde différent, 1re édition 2002, deuxième édition 2006, 144 p.

Thierry Schneider, *Mon corps, rebelle ou ami?* France, Éditions Jouvence, 2004, 256 p.

À Aline, qui demeure source d'inspiration
et à Camille, porteuse dans son sourire d'un monde nouveau !

Sommaire

Vous pouvez recevoir chez vous le message mensuel
« Découverte », sur simple demande à :
info@intemo.ch
(voir aussi en dernière page).

Avant-propos

Montréal, avril 2002, j'ai la chance de donner le ton, et le titre « Athlète de la Vie », à un grand événement, « Succès 2002 », réunissant plusieurs milliers de participants. Parmi les conférenciers de grand renom se trouvaient Bill Clinton, Tom Hopkins, Robin Sharma et David Douillet.

Cette expérience énergisante donne naissance à l'édition de mes courriers mensuels, paraissant depuis juin 2002 sous le titre « Découverte », et que reçoivent des lecteurs toujours plus nombreux.

Le présent ouvrage en est directement issu, et vous propose 77 messages qui sont autant de suggestions, de « questions essentielles » à se poser au quotidien, pour arpenter le merveilleux chemin d'une vie authentique.

En cette époque de mutation profonde d'une société fatiguée et éprouvant le grand besoin de valeurs authentiques, j'aime à méditer cette phrase de Jean Cocteau, source d'inspiration constante :

« Si j'écris, je dérange. Si je tourne un film, je dérange.
Si je peins, je dérange. Si je montre ma peinture, je dérange et
je dérange si je ne la montre pas. J'ai la faculté de dérangement. »

Inventer dès aujourd'hui le monde de demain, voilà le défi qui s'offre à tout audacieux Athlète de la Vie, qui ne saurait dilapider son énergie dans le souci de l'approbation des autres.

Avec Marc Maillard, mon partenaire depuis les débuts de cette aventure d'Être, je vous souhaite une lecture enrichissante et beaucoup d'inspiration !

THIERRY SCHNEIDER

« Quel est le prix à payer si je ne change pas ? »

Quel que soit notre domaine d'activité, le quotidien met à notre disposition le plus beau des terrains d'entraînement. En effet, grâce à notre métier, notre sport, nos relations..., nous avons la possibilité de faire progresser, de manière continue, le niveau de notre maîtrise personnelle. Choisissons délibérément d'utiliser la richesse de ces expériences afin d'optimiser la qualité de notre vie ! Demeurons pleinement conscients que le seul adversaire que nous côtoyons, jour après jour, ne se trouve pas à l'extérieur, mais bien au plus profond de nous-mêmes. Toutes nos frustrations, nos limites, nos croyances freins, nos doutes... nourrissent cette adversité.

Le but noble de tout Athlète de la Vie est de transmuter cette négativité en énergie motrice, afin de matérialiser ses rêves les plus chers. Étant le seul adversaire, il a compris qu'il représente tout autant *la* solution. Il sait dorénavant que, plus l'opposition qu'il rencontre est rude, personnifiée par un joueur, une équipe, une entreprise..., plus cela lui offre l'opportunité de plonger en lui-même, où il trouvera les ressources nécessaires pour élever son niveau de compétences jusqu'à celui de l'excellence !

L'Athlète de la Vie ressent le plus grand respect envers ces prétendus adversaires, car ils symbolisent plutôt des enseignants qui se trouvent là sur son chemin d'apprentissage vers la haute performance. Qu'il soit artiste, sportif, médecin, artisan, professeur, patron, salarié, agriculteur, cuisinier..., l'Athlète de la Vie cultive avant tout son bien-être profond, en privilégiant en particulier un mode de vie sain.

Il s'avère en effet impossible d'être stressé lorsque le corps est détendu. Une musculature tendue entraîne un état émotionnel anxieux et un esprit agité. Il honore donc son corps, grâce à une pratique régulière d'exercices équilibrés privilégiant souplesse, force, endurance et harmonisation du système nerveux. À quoi peut bien servir la réussite sociale si notre corps nous lâche ?

L'Athlète de la Vie a compris que cet équilibre dépend avant tout de son attitude personnelle, et non des circonstances extérieures. Il est devenu le maître de ses émotions, qui sont là pour le servir et non pas pour le rendre esclave de ses impulsions. Sa présence rayonne le calme et la paix, ce qui lui permet d'être un ambassadeur naturel de l'empathie, de la solidarité et du fair-play. Chacun recherche sa présence, car un Athlète de la Vie agit et ses actes remplacent ses paroles… Son esprit est calme, ses émotions fluides et son corps souple. Il inspire, naturellement…, il donne envie, car il rassure.

Au sein d'une société en pleine mutation, il se positionne par son mode de vie harmonieux et joyeux, comme une source féconde d'inspiration pour toute personne ayant décidé de prendre le départ ! Ces mots de mon ami Mike Horn résonnent généreusement sur ce chemin audacieux consistant à réaliser ses rêves : « *Nous sommes tous capables d'accomplir beaucoup, et beaucoup plus que l'on croit* ». Devenons jour après jour cet Athlète de la Vie, qui vit avec passion les défis du quotidien, porté par sa vision d'un monde différent, privilégiant l'excellence, le respect et l'amitié !

À chacun de choisir…

C'est possible, nous en sommes capables et nous le méritons ! Voilà ce qui anime le cœur de tout Athlète de la Vie, ambassadeur d'un style de vie où la joie nourrit chaque effort. Je ne cherche pas à gagner pour être joyeux, je nourris sans cesse ma joie, et celle-ci me propulse dans l'excellence ! Une gaieté de cœur qui est le véritable baromètre naturel du véritable succès, d'une vie simple des plus savoureuses…

Soyez les ambassadeurs d'une philosophie de vie proactive pour un monde différent !

« La vraie puissance, c'est d'être exposé à tout, comme peut l'être le nouveau-né. »

CHRISTIAN BOBIN

« *La véritable solution est toujours à l'intérieur de moi !* »

Chaque fois que je blâme quelqu'un ou quelque chose en raison d'un ressenti qui me laisse dans une position inconfortable, je ne fais qu'amplifier une croyance erronée, tout autant que débilitante, selon laquelle cette personne ou cet événement sont la cause de mes tourments.

Dès lors, je prends part malgré moi à un combat titanesque perdu d'avance. Car il est vain et invraisemblable de vouloir perpétuellement régler des choses en dehors de moi, pour pouvoir enfin goûter à un état de paix.

En tant qu'Athlète de la Vie, je saisis bien plutôt une opportunité de remettre en question cette manière de subir. Et je prends conscience du fait que cette habitude erronée ne peut agir qu'à mon détriment, qui désire me blesser lorsque je cherche obstinément un réconfort illusoire au dehors.

La véritable solution est toujours à l'intérieur de moi !

Je suis seul responsable de ma maîtrise personnelle.

Mon unique motivation devient donc de retrouver mon calme avant tout, pour, de façon naturelle, apporter une réponse créative au prétendu obstacle rencontré…

Problème ou opportunité ?

Dans l'écriture chinoise, le même signe représente ces deux termes !…

À chacun de choisir…

Dès l'instant où je me surprends à être sous l'emprise extérieure d'une personne ou d'un événement, je m'oblige à EXPIRER profondément, trois fois de suite, pour sortir de cette habitude réactive et abandonner ce costume fort commode à porter : celui de la victime.

Je pourrai alors consciemment utiliser ma manière de penser, parler et agir, pour résoudre mon dilemme.

« La nature a voulu que l'homme ne puisse jouir d'aucune félicité, ni d'aucune perfection, qu'il n'ait acquise lui-même par son intelligence et sa force. »

Emmanuel Kant

« La compréhension amène toujours la sagesse ! »

« Deux sortes d'activités occupent mon quotidien : celles qui me vitalisent ou alors celles qui m'affaiblissent. Il s'avère donc prépondérant que je sois conscient de mon fonctionnement routinier, afin de savoir si celui-ci me permet d'évoluer dans la direction de l'accomplissement de mes potentialités, donc de la pleine réalisation de mes objectifs.

L'environnement social privilégie le fait de se concentrer sur ce qui ne va pas, sur ce qui manque à la richesse de mon existence. Dans ce contexte, et bien malgré moi, je vis bien trop souvent mes instants en pleine réactivité.

L'habitude sclérose mon quotidien à travers une multitude d'obligations, et cet état finit, bien malencontreusement, par être qualifié de *normal.* Je vais en conséquence m'évertuer à reproduire sans cesse ce comportement erroné.

En tant qu'Athlète de la Vie, j'intègre le fait que la conscience précède toujours le changement !

Dès lors que je porte mon attention sur telle ou telle chose, elle s'amplifie tout naturellement !

D'où l'importance cruciale de me concentrer sur ces activités énergétiquement fortes, qui, progressivement, généreront des résultats favorables au cœur de ma vie. Voila pourquoi la compréhension amène toujours la sagesse.

À chacun de choisir…

Lors de mes journées à venir, encore vierges et libres de l'emprise limitatrice de mon passé, je concentre toute mon attention sur ce qui va bien dans ma vie, et non pas sur ce qui me manque.

Je développe ma capacité de concentration, jour après jour, en cultivant une saine attitude envers la vie et les personnes qui m'environnent.

« Ne cherchez pas la faute, cherchez le remède ! »

HENRY FORD

« Accorder mon propre instrument ! »

Au sein de ce monde affairé, la plus grande erreur que je puisse commettre serait de vouloir maîtriser avec énergie tout ce qui s'agite autour de moi : la chaotique situation économique et boursière, l'humeur de mes collaborateurs, les doutes de mes clients, le résultat de mon prochain défi commercial ou sportif, ou bien encore de prendre la responsabilité du bonheur de mes proches.

Prendre définitivement ma vie en charge n'a strictement rien à voir avec ce genre de démarches. La seule véritable chose que je puisse contrôler est, et restera toujours, mon propre comportement !

Au lieu de m'obstiner à combattre à l'extérieur de moi quelque chose, qui en fait vibre et demande à être réaligné à l'intérieur, cette prise de conscience me donnera à elle seule l'opportunité de m'ouvrir, d'une manière spontanée et aisée, à d'extraordinaires perspectives de croissance !

J'apprends donc, tout naturellement, à libérer mon existence de cet amas de fausses paroles et actions qui s'apparentent malencontreusement à ce rôle de justicier. Tout véritable virtuose ne se rue pas sur les plus belles partitions musicales. Il prend d'abord, fort sagement et judicieusement, le temps nécessaire pour accorder son propre instrument…

De l'intérieur vers l'extérieur : voilà en quoi réside le pouvoir de l'Athlète de la Vie que je deviens !

La pratique quotidienne visant à me réapproprier mon pouvoir personnel peut alors commencer avec plaisir…

À chacun de choisir…

Lors des journées à venir, durant chacune de mes conversations, je décide d'exprimer mes idées verbalement, ou alors je décide d'entendre le véritable sens des mots de mon interlocuteur.

Je porte à cela toute mon attention !

Chacun choisit d'expérimenter ce qu'il a tendance à pratiquer le moins, et de combler cette lacune limitative par la découverte de l'attitude opposée, afin d'optimiser la qualité de sa vie.

***« L'homme n'est pas l'œuvre des circonstances.
Les circonstances sont l'œuvre de l'homme. »***

BENJAMIN DISRAELI

« L'art de savoir me relâcher instantanément ! »

La plus grande maîtrise que je me dois d'acquérir pour exceller se résume à l'art de savoir me relâcher instantanément. La différence essentielle entre un corps vitalisé et un corps éreinté se retrouve dans la souplesse de l'un et la rigidité de l'autre.

Il est en effet utopique de pouvoir offrir le meilleur de soi-même avec un corps emprisonné dans la raideur.

En toutes circonstances, mon but supérieur sera de rester détendu, que ce soit au volant de ma voiture, en réunion d'affaires, lors de la rédaction d'un rapport d'une importance capitale, en déjeunant, au cinéma, en marchant dans la rue, en jouant du piano ou en effectuant mon entraînement physique quotidien.

Où que je sois, je respecte cette même « écologie énergétique » de l'Athlète de la Vie, qui privilégie un corps souple, lui offrant des émotions fluides et un esprit tout naturellement calme et créatif, prêt pour la performance.

Ne pas prendre le temps de cultiver cet état intérieur gagnant, c'est la plus grande erreur que je puisse commettre et le prix à payer est colossal. En effet, un corps tendu et « acidifié » ne peut que me jeter, un jour ou l'autre, par terre.

À chacun de choisir…

Je profite de chaque occasion qui se présente dans le courant de ma journée, pour prendre conscience de mon état corporel.

Est-ce que je ressens de la tension ou un relâchement au sein de ma musculature ?

Quelle que soit la réponse, je prends le temps de vivre une pause éclair, en m'étirant spontanément. Je termine avec une expiration profonde et un radieux sourire sur mon visage.

Je prends soin de mon capital vitalité à chaque instant, afin d'optimiser la qualité de ma vie.

« La grande ligne de démarcation entre le succès et l'échec peut s'exprimer en quelques mots : "Je n'ai pas eu le temps !" »

AUTEUR ANONYME

« *L'envie viscérale d'aider !* »

Tant que je ne serai pas convaincu du pourquoi je fais ce que je fais, il me manquera toujours le vrai fondement de toute réalisation. Et, pour posséder cette féconde capacité, il est prépondérant de savoir quelle est la véritable mission à laquelle je voue mon quotidien.

Me débattre seul avec virulence pour résoudre urgence sur urgence, afin d'atteindre coûte que coûte mon but, m'épuisera à la longue totalement. Par contre, être conscient de la mission qui vibre derrière le but, me procurera une boussole personnelle des plus précieuses, quelles que soient les situations.

L'objectif de l'Athlète de la Vie n'est pas de redoubler d'efforts, prisonnier de la crainte de tout perdre, mais au contraire d'apporter une réponse créative à la problématique rencontrée.

Dans le premier cas, un sentiment de frustration m'accompagne, car toute mon énergie est concentrée à devoir obtenir quelque chose pour satisfaire mon ego. Dans l'autre, j'éprouve un sentiment d'accomplissement, de participer à quelque chose de plus grand que mon seul intérêt personnel, car je suis animé par l'envie viscérale d'aider. Quel plus beau voyage en effet que de s'offrir corps et âme à servir ! Le service me permet de devenir quelqu'un, de participer pleinement à la danse de la vie, d'être tout simplement utile.

À chacun de choisir…

Lors de mes prochaines journées, je concentre toute mon attention sur la vraie question que se pose le « leader naturel » : « ***Comment***

puis-je aider? » et non pas celle, provoquée par la peur: « ***Qu'est-ce que cela va me rapporter?*** »

Je développe mes capacités de « leader naturel » au service de la simplicité.

« Arriver sur le dernier barreau de l'échelle et réaliser qu'elle est placée contre le mauvais mur! »

Joseph Campbell

« *Devenir mon meilleur ami !* »

Laisser enfin mes qualités s'exprimer ! Derrière ce projet aux allures audacieuses résident en fait les racines de toute réalisation. Trop souvent, je me retrouve prisonnier de quantité de « programmations » négatives héritées de mon passé, et je continue, sans trop y croire, à chercher à atteindre des buts sans cesse plus élevés pour me rassurer tant bien que mal sur ma valeur personnelle. Je suis malgré moi prisonnier de cette fausse identification, qui juge ma propre valeur à l'aune de ce que je réalise, possède ou montre…

Or, pour avoir enfin une image de moi saine, je me dois, avant toute chose, de devenir mon meilleur ami. Et pour cela, il est prépondérant que je prenne enfin conscience que je passe beaucoup trop de temps et d'énergie à nourrir l'ennemi en moi. Autrement dit : à trop me préoccuper de mes manques, je ne fais que diminuer mes capacités… Et en me rabaissant, je ne peux que m'enferrer dans le doute et m'emprisonner dans la spirale de l'échec.

Mon image de moi-même va fortement influencer à tout moment mon comportement, mes sentiments et donc mes relations. Voilà pourquoi il est primordial de nourrir généreusement ce « noyau », cette essence, de ma personnalité. En me concentrant à accroître mes qualités propres, je vais plonger au cœur du plaisir d'être et nourrir *depuis l'intérieur* une véritable motivation ! Cette bénéfique exaltation me propulsera, sans aucune attente particulière, dans un monde animé de confiance. Détaché des résultats, je vais voir ceux-ci, à mon grand étonnement, se bonifier abondamment !

À chacun de choisir…

Lors de mes prochaines journées, je concentre toute mon attention à travailler méticuleusement mes qualités. Grâce à cette focalisation sur ce qui me plaît, et donc fonctionne, je suis alors pleinement moi-même et j'optimise tout naturellement la confiance en mon quotidien. Il m'est donc facile de croire en mes ressources et, simplement, de me poser la vraie question du leader naturel :

« Comment puis-je encore mieux utiliser mes talents pour servir ? »

Et je développe ces capacités de leader naturel au service de la simplicité.

« Lorsque vous travaillez, vous êtes une flûte dont le corps transforme le murmure des heures en musique ! »

KHALIL GIBRAN

« Mon corps ami vit toujours ici et maintenant ! »

« **Ici et maintenant** » représente le pilier fondamental de toute réalisation. En cette période où les changements dans nos environnements se succèdent à un rythme effarant, la saine sagesse de nourrir mon propre changement devient essentielle ! Toutes choses s'accélérant autour de moi, cette capacité à vivre le moment présent m'ouvre les territoires féconds de la véritable adaptation : « Agir ou subir ? »

Soit je laisse mon mental, troublé par des pensées survoltées, m'entraîner malgré moi dans un passé rempli de regrets et de remords ou dans un futur pollué par des soucis tous plus grands les uns que les autres, soit « j'apprivoise l'instant », créateur de mon devenir. Comment ? Grâce à mon Corps Ami, qui, lui seul, vit toujours **ici et maintenant** ! Un trésor colossal m'est offert chaque matin, sans que je demande rien et sans que je fasse quoi que ce soit : 24 heures sont là, soit 1 440 minutes de possibilités nouvelles d'expression, ou encore 86 400 secondes gratuites et disponibles afin d'optimiser la qualité de ma vie !

L'Athlète de la Vie que je suis a décidé qu'au lieu de m'agiter intérieurement et extérieurement à réfléchir mon quotidien en accroissant mon mal-être, je crée mon renouveau dans le creuset de mon ressentir, véritable boussole intérieure qui me guidera tout naturellement vers la juste solution. J'apprivoise le changement grâce à cette maîtrise, cette capacité de pouvoir sans cesse fusionner avec l'instant, au cœur d'un territoire vierge, qui m'offre la capacité de bâtir de nouvelles choses, de nouvelles relations, de nouvelles perspectives… Tout est en effet alors possible pour la personne qui célèbre l'aventure de sa vie en habitant de toute sa chair les lieux et les moments qui s'offrent à elle, et qui deviennent dès lors de plus en plus riches…

À chacun de choisir…

Lors de mes prochaines journées, je choisis l'opportunité de retourner à l'intérieur de moi-même en observant la qualité de mon ressenti corporel. ***Ici et maintenant***, j'agis sur ma physiologie en relâchant mes tensions musculaires et en expirant le plus profondément possible. Mon Corps Ami m'offre le passage secret du chemin du bonheur, le ressenti représente son outil le plus précieux…

« ***Plus on vit, moins on pense,***
plus on pense, moins on vit. »

ARNAUD DESJARDINS

« Peindre chaque jour une fresque de bien-être au cœur de mon corps ! »

Combien de fois me suis-je surpris, en début d'année, à prendre de solides résolutions, dans le but d'apporter à mon existence de multiples bienfaits ! Si souvent j'ai ainsi répondu à l'appel de cette partie de moi qui connaît ce qui est bon pour moi. Pourtant, les seuls résultats obtenus se résument à un sentiment de culpabilité exacerbé, avec la croyance renforcée que j'appartiens à cette multitude de personnes qui subissent l'incapacité de pouvoir maintenir le bon cap dans leur existence…

Alors, en cet instant précieux, je décide de redevenir le capitaine du navire de ma vie. L'Athlète de la Vie que je suis prend enfin cet engagement, le plus important qui soit, de respecter avant tout mon capital santé ! Sans lui, en effet, quel que soit mon domaine d'activité, tout s'arrête. Que je le veuille ou non, c'est une implacable réalité ! Je le sais pourtant, mais je continue de m'obstiner à croire qu'il est possible de me soustraire sans dommage à cette loi de vie.

Ce constat m'amène à être conscient du gouffre qui existe entre savoir et… mettre en pratique. Alors, afin que mes maux physiques ne soient pas l'expression refoulée de mes mots du cœur, je décide de changer **ici et maintenant** !

Je décide de m'engager de tout mon être à peindre tous les jours une fresque de bien-être au cœur de mon corps. Chaque geste, chacune de mes pensées et chacune de mes émotions seront mes coups de pinceau. J'ai intégré le fait que ces derniers ont la capacité de créer à la fois quelque chose de désastreux ou une œuvre de merveilleuse beauté. Et, que je le veuille ou non, il ne se passe pas un instant sans que ce processus de création œuvre… Je me positionne donc en toute conscience afin de devenir le meilleur ami de mon corps.

En me respectant bien avant que la douleur apparaisse, j'autorise mon bien-être à s'épanouir !

À chacun de choisir…

Chaque instant de mon quotidien, je suis attentif à la sagesse du langage de mon corps. Dès qu'une sensation désagréable apparaît, je m'autorise à ne pas fuir ma « responsabilité santé ». Je prends le temps d'écouter mon corps et j'organise dans le cadre de mes activités des pauses éclair, pour m'isoler, expirer, m'étirer, marcher en plein air, ou simplement fermer quelques instants les paupières. Ne pas entendre le *vrai message* transformera le mal-être en douleur aiguë, et l'endormir avec un quelconque remède artificiel pour continuer mon combat effréné risque bien de me faire, à un moment donné, glisser au fond de l'abîme…

« Existe-t-il pour l'homme un bien plus précieux que la santé ? »

Socrate

« Savoir me relever lorsque je suis tombé par terre ! »

Les fondements de tout succès résident dans la capacité à obtenir ce que je désire très fort, tout en appréciant « ici et maintenant » mon environnement quotidien, quel qu'il soit. Réussir ne se résume pas à rester fort face à toutes les circonstances que je rencontre dans ma vie, mais à posséder cette capacité constante de toujours savoir me relever lorsque je suis tombé par terre. Là réside en effet la vraie puissance de l'Athlète de la Vie.

La vraie force rime avec cette capacité d'apprivoiser toute adversité, grâce à la pleine acceptation de ma sensibilité, plutôt que de perdre mon temps à afficher une force de pacotille à laquelle je n'arrive pas moi-même à m'identifier. Je décide par conséquent de bannir ce mensonge extrêmement pervers et générateur d'une vie devenue une épreuve frustrante, éreintante, épuisante… Il est par exemple habituel, dans le monde de l'entreprise, de concevoir l'atteinte d'un objectif comme un chemin compliqué, éreintant, long et frustrant. De surcroît, sa réalisation n'apportera qu'un maigre résultat, dont je devrai pourtant me satisfaire…

Eh bien, je choisis à cet instant de faire mienne, une fois pour toutes, la maxime selon laquelle le bonheur est un chemin, et non une destination. De plus, mon vrai but est de me demander constamment comment passer de là où je me trouve à l'endroit où je veux me rendre, ceci le plus simplement, facilement, rapidement et joyeusement possible ! Vivre ma vie, c'est acquérir cette faculté d'être en mouvement, d'entreprendre l'action *juste*, vers le « non-connu », poussé par l'élan de mon cœur. Soit le mal-être vibre en moi parce que je n'ai pas obtenu ce que je voulais, soit je cultive avec persévérance mon bien-être, ma paix intérieure, mon enthousiasme, ce qui me procure immédiatement des moments de bonheur et accélère d'une manière magique la concrétisation de mes objectifs !

À chacun de choisir...

Chaque instant de mon quotidien, je m'entraîne à cultiver le sentiment de joie au plus profond de mon être, grâce à une pleine appréciation de ce que je suis et de ce que je possède « ici et maintenant ». En me concentrant sur mes potentialités plutôt que sur mes manques, je génère une haute énergie positive, qui me permet tout naturellement de croître intérieurement et extérieurement.

« La joie ne suit pas la victoire, elle la précède ! »

YANNICK NOAH

« Le vrai leadership commence avant tout en soi-même ! »

En cette période ternie par la morosité ambiante, il devient prépondérant de créer un milieu de travail qui libère le sentiment d'être utile. Le vrai leadership commence avant tout en soi-même et entraîne à se donner le choix de prendre des risques, quitte éventuellement à rater sa cible… Pour pouvoir en effet atteindre ses buts, il est primordial d'accepter que je peux perdre, afin de démystifier l'emprise de la peur de l'échec. Un échec qui ne représente en fait que l'argile de tout succès.

Seule cette démarche d'agir à tout instant en direction de mon idéal me permettra d'acquérir la discipline de gérer l'imprévu. Ne rien tenter ferait de moi une victime, un être réactif tenaillé par un mal-être croissant. Quel que soit mon rôle, je me mets à l'affût des comportements constructifs et enviables autour de moi et je les souligne ! Gagner, c'est avoir la féconde capacité de réveiller en chacun l'énergie colossale et constructive de l'enthousiasme, sommeillant derrière toute forme de talents, de qualités et d'aptitudes.

Perdre, c'est renforcer l'état contraire du doute chez chacun, en ne se focalisant que sur ses manques, ses défauts et ses erreurs. Voilà tristement en quoi consiste très généralement la démarche de l'« audit »… laquelle s'effectue dans l'inconscience, si ce n'est le mépris, des dégâts occasionnés sur le plan humain, lorsqu'on met essentiellement en évidence, de surcroît souvent subjectivement, tout ce qui ne fonctionne pas…

Ici et maintenant, je me permets d'être un libérateur de talents, d'amplifier les potentiels qui m'entourent. Je deviens l'Athlète de la Vie du service, cette cause irrésistible et noble m'accompagne partout… et, même si je travaille pour une grande entreprise, sans contact direct avec la clientèle, je me pose cette question : « *Est-ce que mon département produit un service à destination d'un autre département ?* » Ses membres sont alors des clients ! Les clients sont partout… ce qui implique une seule mission : servir et s'épanouir. Car en servant, je *deviens* quelqu'un…, quelle mission plus noble peut-il exister !

Un *être-humain* est vivant pour devenir, un *faire-humain* pour produire… Voilà ce qu'a compris la leader naturel !

À chacun de choisir…

Chaque instant de mon quotidien, quelles que soient mes activités, je suis à l'affût des comportements positifs de mon entourage. Je prends le temps de féliciter et d'encourager chacun le plus souvent possible, au lieu de focaliser sur les manques des uns et des autres… Dès lors, et tout naturellement, je générerai une haute énergie positive qui amplifiera ma capacité naturelle de servir.

« L'impossible recule devant celui qui avance ! »

Ella Maillart

« *Prévenir plutôt que guérir !* »

En cette période qui prône si souvent des valeurs complexes, pourquoi ne pas consacrer ces quelques instants à pratiquer la simplicité ? Et, à cet effet, quel plus beau terrain d'expérimentation que celui que m'offre mon corps ? Pour mieux me réconcilier avec moi-même, je décide d'arrêter de lutter constamment pour le *dompter* et vouloir le faire ressembler à cet amas d'apparences dont on me gratifie, toujours et partout. En tant qu'Athlète de la Vie, je me consacre donc à *apprivoiser* son riche potentiel, en focalisant sur le centre d'intérêt essentiel : le maintien naturel d'une posture saine !

Généralement, cette conscience corporelle est négligée et les habitudes néfastes se renforcent, allant jusqu'à figer ma vitalité. Le poids de la tête est relativement considérable et peut malheureusement provoquer de fortes tensions dans la région de la nuque, ceci par réaction à un mauvais alignement, qui se répercute ensuite le long de la colonne vertébrale, jusqu'à sa base.

Tout ceci entraîne une accumulation d'excitations nerveuses qui contractent la musculature inutilement, ce qui génère progressivement différents maux chroniques. Ainsi, et inconsciemment, j'accrois jour après jour les dépenses énergétiques de mon corps et je m'épuise dans une kyrielle de postures déséquilibrantes, assis en voiture, devant l'ordinateur, ou debout, appuyé nonchalamment ici et là… La vraie solution réside à en prendre conscience, grâce à mon ressenti corporel, et à cultiver ensuite patiemment un alignement sain et énergisant : « Prévenir plutôt que guérir ! »

À chacun de choisir…

Chaque instant, je voue le maximum d'attention à soigner ma posture. Je prends conscience, par exemple, que très souvent ma tête fléchit vers l'arrière, ce qui accentue immédiatement les tensions dans ma nuque. « Ici et maintenant », j'observe cette conséquence, puis je rétablis un alignement sain, le menton légèrement rentré, ce qui repositionne sainement ma tête et élimine les tensions parasites. Je prolonge de façon imaginaire l'alignement de ma colonne vertébrale, comme si un fil me permettait de m'élever tout en légèreté. Je suis attentif également à la position de mon bassin, que je sois debout ou assis, afin que mon dos puisse se grandir, progressivement et avec élégance !

« ***Si vous ne prenez pas soin de votre corps, où irez-vous vivre ?*** »

AUTEUR INCONNU

« La passion se cultive d'abord en soi-même ! »

Tout manager, entraîneur, éducateur, professeur, parent… rêve d'être entouré de personnes joyeuses et enthousiastes. Mais la réalité est tout autre bien trop souvent ! Pour remédier à cela, ce responsable tente de *motiver* celles et ceux qui évoluent dans son champ d'action. C'est une démarche qui consomme une énorme quantité d'énergie, totalement en vain cependant, car visant une modification chez autrui…

Et si la motivation, inéluctablement, s'étiole en moi, c'est que tous les modèles de succès que l'on m'a démontré ne trouvent pas d'écho dans mon système de croyances, dont le message, constant et sournois, est que je ne mérite pas de réussir. D'un côté, on m'a rebattu les oreilles du fait que la réussite était à viser absolument, car indispensable pour avoir une image valable aux yeux des autres… Et de l'autre, l'on m'a répété depuis ma tendre enfance que le succès possède bien mauvaise réputation… Le cercle de souffrance est alors bien enclenché.

Mon « vrai inspirateur » va être celui qui possède cette capacité de rayonner pleinement, de vibrer de tout son être la *passion de servir* et qui va m'offrir l'opportunité d'allumer l'étincelle en mon cœur, transformant mes croyances freins en croyances énergisantes.

Grâce à celles-ci, j'optimiserai mon quotidien et transformerai tout naturellement mon estime personnelle, donc ma vie.

En effet, le seul moteur véritable de toute performance de qualité se trouve dans cette capacité de dévotion à une tâche, dont rayonne sans cesse tout Athlète de la Vie. Et il en est le seul et unique déclencheur, ayant intégré le fait dominant que la passion se cultive avant tout en lui-même, quoi qu'il fasse et où qu'il puisse se trouver !

À chacun de choisir…

Un vieil adage nous répète que nous enseignons le mieux ce que nous avons le plus besoin d'apprendre… Chaque instant de ma journée, je deviens une féconde source d'inspiration pour les gens autour de moi. Lors de chaque rencontre, je voue mon attention à éveiller chez l'autre des potentialités. Mon but est de l'aider à se focaliser sur la *possibilité supérieure* afin qu'il se hisse au-delà de ses limitations.

« Il y a quelque chose de drôle dans la vie : si vous n'acceptez de recevoir que ce qu'il y a de mieux, c'est ce qui se produira la plupart du temps. »

W. Somerset Maugham

« Ce n'est pas à une situation que je réagis, mais bien à l'image que je me fais de celle-ci ! »

L'une des plus belles *découvertes* que je puisse effectuer se résume dans le constat suivant : ce n'est pas à une situation particulière que je réagis, mais bien à *l'image* que je me fais de celle-ci ! Et si ma manière d'interpréter un événement est erronée, ma réponse ne peut être qu'inappropriée, donc génératrice de stress destructeur. Un pouvoir colossal réside dans cette prise de conscience : celle-ci possède en effet la capacité de me permettre de changer totalement ma vie, ici et maintenant, et cela à tout jamais. Et pour concrétiser ce changement drastique, je suis le seul aux commandes. Je *suis* donc ce pouvoir, rien moins que cela !

Imaginons : voici que se produit quelque chose de contraire à mes attentes. En réaction, mon mental se dérègle instantanément, mes émotions deviennent désagréables et s'emballent, et, au bout du compte, mon corps est envahi par les tensions musculaires. Comme par habitude, je me retrouve prisonnier d'une question qui n'est pas la bonne : « Comment voir clair à travers ce mal-être ? » Je redouble alors inévitablement d'efforts pour combattre ce malaise, dont j'imagine l'origine dans le monde extérieur.

Or, le seul résultat que peut produire ce comportement réactif, c'est de m'épuiser, car j'amplifie la force de la résistance que j'affronte. En fait, je la nourris moi-même ! Dans le même temps, je plonge malgré moi dans les sentiments dévastateurs du doute et du manque de confiance en moi…

Mais, en tant qu'Athlète de la Vie, je suis conscient que le stress s'est installé à l'intérieur de moi, et je me pose la vraie question : « *Comment chasser le mal-être pour y voir clair ?* » Je peux alors mettre en œuvre une action me permettant de retrouver ma sérénité, c'est la priorité. Alors, et tout naturellement, la solution à mon problème apparaîtra, car dans toute situation trouble réside les graines de l'opportunité !

Ma seule mission consiste donc à acquérir la capacité de m'ancrer dans le territoire de la sérénité, car elle seule m'offre la clarté. Sans elle, l'image ne peut être qu'inquiétante. Avec elle, l'image luit sous ses traits les plus attrayants m'offrant instantanément le bonheur d'être **trouveur de solutions.**

À chacun de choisir…

Lors de ces prochaines journées, je m'entraîne à pratiquer l'art martial de l'Athlète de la Vie : mon premier travail, avant toute autre action, est de prendre conscience de mon éventuelle agitation intérieure provoquée par un événement que je qualifie de désagréable. Au lieu de réagir impulsivement, je m'isole en moi-même, grâce à plusieurs expirations profondes, et me concentre pleinement sur celles-ci… puis, totalement calme, je laisse l'opportunité naître du problème, sans aucune pensée de doute…

***« Tu es toujours libre de changer d'idée
et de choisir un futur différent,
ou un différent passé. »***

RICHARD BACH

« Réapprivoiser la sagesse de vivre un jour à la fois ! »

Pourquoi ne pas profiter d'une belle journée ensoleillée et de repos pour s'adonner à réapprivoiser la sagesse de vivre un jour à la fois ? Bien trop souvent, en toute inconscience, je suis devenu esclave de mon quotidien, survolté par une somme d'activités et d'obligations contraignantes, et je dilapide un « capital énergie » énorme à me projeter dans un avenir incertain, ou à ressasser un passé douloureux. Je deviens alors le jouet déréglé de mon mental, qui possède seul cette capacité de me kidnapper du moment présent, pour me faire éprouver au fond de moi des souffrances à répétition.

J'ose donc m'interroger sur le pourquoi de cette lutte obstinée qui régente sans merci ma vie dès l'aube jusqu'à tard dans la nuit ? Je combats pour avoir une chance de survivre et pour, un jour prochain, pouvoir me délecter les sens d'avoir tout simplement le temps de vivre, de pouvoir pratiquer mes activités favorites et de partager du temps avec les personnes qui sont si chères à mon cœur… « Demain », « un de ces jours », « ces prochaines vacances », « lorsque je serai à la retraite »… ces perspectives ne sont que des leurres ! Car ma vie, elle, se passe maintenant ; *mon bonheur*, c'est une des affaires personnelles des plus importantes qu'il s'agisse d'aborder. Et la rencontre, elle, se passe maintenant ou jamais…

En tant qu'Athlète de la Vie, je décide donc de concentrer toute mon attention à vivre, avant tout et pleinement, la journée présente. Je réapprends à savourer chaque instant, avec la même intensité candide qui prévaut lorsque je déguste, par exemple, un beau fruit bien mûr. En sachant que, une fois consommé, il disparaît à tout jamais, comme disparaît chacune de mes journées…

La vie est simple, très simple... Si je tente de manger un fruit encore vert, c'est trop tôt... Si je ne me décide pas et qu'il devient trop mûr, c'est trop tard.

Compte tenu que 86 400 secondes me sont offertes chaque jour : à moi de les vivre pleinement et de m'en émerveiller, plutôt que de les dilapider à me nourrir de soucis ou de remords. Avec cette attitude de réjouissance, je ne peux alors que réussir !

À chacun de choisir...

Aujourd'hui est un jour qui ne reviendra jamais ! Je décide donc de consacrer toute mon attention à chaque instant de cette journée, à vivre pleinement chaque action que j'accomplis au meilleur de mes possibilités. « Ici et maintenant » est mon œuvre, et, grâce à mon application et mon envie, je crée mon bien-être !

Je développe mes capacités de réjouissance jour après jour, 24 heures après 24 heures, 1 440 minutes après 1 440 minutes, 86 400 secondes après 86 400 secondes, afin d'optimiser la qualité de ma vie.

« Il est merveilleux de voir ce qu'une personne peut faire quand elle s'y consacre ! »

EDWARD HALE

« Me focaliser sur ce que je veux ! »

Bien trop souvent, je me concentre tout au long de ma journée sur le fait que je *déteste* être trop maigre, sur le fait que je *déteste* être fumeur, sur le fait que je *déteste* manquer d'argent, sur le fait que je *déteste* ce travail et ce patron insupportable, sur le fait que je *déteste* ma vie... Nous vivons dans une société qui se focalise continuellement sur les manques, et voilà bien le sentiment que je vais recréer indéfiniment, pour ma plus grande souffrance, si je me laisse happer par ce sortilège !

Lorsque je *déteste*, je vibre de tout mon être cette « résistance » et je l'amplifie. L'énergie magnétique de la pensée existe et la pensée est le produit de nos émotions... Avec une attitude de ce type, je ne puis donc qu'attirer vers moi tout ce qui oscille à la même fréquence (« Tout ce qui se ressemble s'assemble »). Et plus j'éprouve des sentiments de craintes, de peurs, de frustrations, plus j'émets de « basses fréquences », qui vont en rejoindre d'autres, pour immanquablement provoquer des événements désagréables.

L'Énergie se trouve toujours là où je place mon attention !

Voilà le principe universel qu'utilise consciemment l'Athlète de la Vie !

Je dois bien prendre conscience que, lorsque je ne veux pas attraper une grippe, je me concentre sur la grippe, que lorsque je ne veux pas commettre d'erreurs, je me concentre sur l'erreur, que lorsque je ne veux plus vivre un certain type de relation sentimentale, je me concentre sur ce type précis de relation sentimentale, que si je ne veux plus manquer d'argent, je me concentre sur le manque d'argent...

En tant qu'Athlète de la Vie, j'ai intégré que trois routes s'offrent à moi : se focaliser sur ce que je veux, sur ce que je ne veux pas, ou sur ce que les autres veulent pour moi. Et je sais qu'en vertu du principe énoncé ci-dessus, focaliser sur quelque chose implique son accroissement ! Je décide donc d'émettre de « hautes fréquences », en m'imprégnant chaque instant de l'état que je ressentirai une fois mon objectif atteint. C'est l'état du « **Tout est possible** » !

À chacun de choisir…

Je décide à chaque instant de mon quotidien d'être un véritable « Athlète de la Vie » ! Le bonheur est un chemin en moi et je porte mon attention tout naturellement, *« ici et maintenant »*, **sur ce que je veux.**

Je sais que j'atteindrai mon objectif, que je réaliserai mon rêve, coup de pédale après coup de pédale, comme les coureurs qui viennent de boucler le Tour de France ; foulée après foulée, comme les marathoniens ; pas après pas, comme ceux qui gravissent l'Everest… Je ressens et cherche chaque instant à amplifier en moi la sensation euphorisante que me procurera la concrétisation de mon objectif !

« L'homme est ce qu'il croit. »

Anton Tchekhov

« *Investir avant tout mon énergie et mon temps à cultiver mon bien-être !* »

Trop souvent, par le passé, j'ai cherché à obtenir des succès, persuadé qu'eux seuls m'auraient permis de me sentir bien. Pris dans cette course frénétique, je ne pouvais que m'égarer et me fatiguer. En fait, quel que soit l'objectif visé, que ce soit d'acheter une nouvelle voiture ou d'investir dans une maison, que ce soit de séduire l'élue de mon cœur ou d'obtenir une promotion très convoitée, ou encore de gagner ce match de tennis ou cette compétition, je recherche avant toute chose à satisfaire mon besoin vital de me sentir bien.

Une observation très attentive et objective m'aura cependant permis de découvrir le côté pernicieux de cette attitude, consistant à privilégier l'avoir, censé me permettre d'oser enfin faire ce que je désire, pour pouvoir être tout simplement bien. Les seuls résultats que cela m'aura rapportés se résument pourtant à un état de mal-être persistant, qui me pousse toujours plus fort *à obtenir* quelque chose, pour pouvoir enfin goûter aux fruits du contentement.

En effet, en tant qu'Athlète de la Vie, j'ai compris qu'il était primordial d'investir avant tout mon énergie et mon temps à cultiver le bien-être, « ici et maintenant ». Et c'est ce bien-être qui va alors m'offrir, tout naturellement, la pleine réalisation de mes objectifs ! Je réapprends les bénéfices de la saine attitude, qui m'encourage avant tout à être bien, avant de faire quelque chose, ce qui me procurera, comme par magie, de merveilleuses réalisations. Libéré de l'attachement au résultat, je peux complètement m'investir à fusionner avec la tâche qui m'est offerte !

La grande illusion, c'est de croire que la performance procure le bonheur. Alors qu'en acquérant la capacité d'être bien tout de suite, je me propulse en toute conscience sur le chemin serein de la vraie réussite.

À chacun de choisir…

Au cours de mes prochaines journées, je suis attentif à mon comportement. Je guette les situations dans lesquelles je cherche à *réussir* pour provoquer l'approbation des gens qui m'environnent, cela dans le but de me sentir bien.

Lorsque cela survient, j'applique l'Art martial de l'Athlète de la Vie : au lieu de courir plus vite que l'instant, j'ai le courage et l'audace de m'isoler pour m'offrir ici et maintenant du bien-être, en pratiquant trois expirations profondes. Ainsi, je retrouve le rythme naturel et deviens capable de répondre aux challenges qui s'offrent à moi avec sérénité et pleine intelligence.

« Je suis heureux
parce que j'ai décidé d'être heureux ! »

Donald Gardener

« *Donner, c'est recevoir !* »

Quelle belle capacité représente la faculté de servir. Pour pouvoir m'ouvrir aux autres, il est capital de croire en mes ressources, donc en moi-même. Ce qui empêche si souvent la saine coopération, c'est le doute, la crainte, qui m'entraînent alors à me refermer dans ce comportement maladif, à m'exclure du groupe et de sa réussite.

Par exemple, dans le corps humain, une cellule saine « se lève chaque matin » pour collaborer avec des milliards d'autres, qu'elle soit issue d'un genou, du cœur, du foie, de l'orteil droit ou d'un œil… Chacune d'elles apporte la richesse de sa différence, dans le but de préserver l'équilibre de l'organisme, l'état tellement précieux d'homéostasie.

Une cellule cancéreuse, par contre, a perdu sa raison d'être, qui est de participer à cette grande célébration de la vie, et, apeurée, investit toute son énergie à détruire son environnement immédiat…

Je me libère de ces états maladifs de manque de confiance en mes capacités, qui me poussent sans cesse à exister aux yeux des autres et à n'envisager mon existence que sous l'angle de combats, contre les autres, contre les éléments, contre mes mauvais penchants. Chaque fois que je combats *contre*, je crée la division, puis la résistance, entraînant une dilapidation de mes ressources, ce qui accentue l'émotion destructrice de la peur…

La plus noble motivation que je puisse trouver chaque jour, en tant qu'Athlète de la Vie, c'est de ressentir ce sentiment d'utilité au fond de moi, et de m'investir à déverser un enthousiasme communicatif, servant ainsi un intérêt plus grand que ma seule satisfaction égocentrique.

Donner, c'est recevoir ! En m'investissant pour une cause plus grande, je pénètre au cœur du territoire du bonheur. Je deviens utile, j'éprouve ce sentiment nourricier d'appartenance qui me libère de mes bassesses, sans aucune bataille. En effet, je travaille *pour* une cause, ce qui crée l'harmonie, la fluidité, renforçant alors mes ressources, ce qui me pousse dans les bras chaleureux de l'enthousiasme.

À chacun de choisir...

Chaque instant de ma journée, je cultive cette capacité inégalable de servir. Pour cela, je m'entraîne à être utile à mon environnement immédiat au moins 5 fois par jour, durant les 21 prochaines journées, en ne recherchant aucune reconnaissance extérieure, si ce n'est le plaisir d'accroître ma capacité à apporter de l'harmonie autour de moi. Un compliment sincère, une aide physique, une écoute active, une caresse... j'apporte spontanément réconfort et attention autour de moi ! Si j'en ai l'opportunité, je fais précéder mon geste de 3 expirations profondes et ressens intensément les sensations très agréables que cela me procure !

« Ce qui veut vivre longtemps doit servir. Mais ce qui veut dominer ne vit pas longtemps. »

HERMANN HESSE

« *Mettre mon métier au service de ma vie et non le contraire !* »

« Quel bel investissement que de mettre mon métier au service de ma vie, et non le contraire ! Trop souvent, dans ce monde agité, tout me pousse à placer mon existence au service de mon métier. Tout un contexte social me porte sans cesse à devoir être quelqu'un aux yeux des autres. Et cela passe, bien entendu, par l'image que me renvoie ma « réussite sociale », qui devient ma quête infernale, pour avoir tout simplement le droit d'exister… Sans en être conscient, je participe dès lors à cette course sans fin, sacrifiant bien trop souvent des éléments vitaux : ma santé, mon temps, mon couple, ma famille, mes relations…, pour pouvoir seulement rester en compétition. Il ne me semble pas envisageable de vivre sans ce sentiment de réussite lié à mon travail, à cette carte de visite qui soi-disant énonce qui je suis…

Mais, en tant qu'Athlète de la Vie, je fais au contraire le choix d'utiliser ce métier comme un terrain d'entraînement, afin de progresser dans l'art de maîtriser la seule chose qui ne dépende que de moi : mon propre comportement. Et ce comportement représente la seule porte qui débouche sur ce à quoi j'aspire tellement : être *réellement* libre !

J'utilise donc chaque instant que m'offre mon travail pour développer un état d'esprit axé sur les solutions, au lieu de dilapider mon énergie à blâmer les circonstances, les autres ou moi-même de mon infortune. Et, comme je passe une grande partie de mon temps à mon travail, j'apprends à intégrer une qualité sans prix : me passionner pour ce que je fais, et ceci quoi que je fasse ! Le succès réside en cette faculté d'aimer faire ce que je fais, et de faire ce que j'aime…

Toutes ces heures de labeur, je choisis de les utiliser pour devenir une version plus élevée de ce que je suis, afin de mettre ce rayonnement intérieur positif au service de mon corps et sa vitalité, mes journées, mon âme sœur et ma famille, mes relations... Quoi de mieux à offrir autour de moi que du bien-être, de la joie, des compliments et une sincère attention ?

À chacun de choisir...

À tout instant, lors des journées à venir, j'utilise toute activité professionnelle, en toute conscience, pour optimiser ma qualité d'être. Je me concentre à transformer chaque acte pouvant sembler répétitif et ennuyeux en une occasion de rendre ma tâche plus passionnante, dès cet instant, jour après jour..., afin d'optimiser la qualité de ma vie et celle des autres !

« Plus grande est l'idée que vous vous faites de vous-même, plus grande sera votre expérience. »

NEALE DONALD WALSCH

« Être mon propre manager ! »

Halte au burnout ! Dès le début de chaque journée, je prends conscience, « ici et maintenant », que je ne peux pas indéfiniment diriger mon quotidien par la seule voie de mon mental, sans risquer un beau matin que celui-ci n'explose. Trop souvent pris dans cet étau du subir, dans lequel tout va de plus en plus vite, perdu dans un univers où l'on me demande toujours plus en toujours moins de temps, je me sens chaque jour un peu plus envahi de réflexions empoisonnées par les incertitudes, les doutes, les peurs… Il me semble alors que la seule route envisageable se résume à lutter de toutes mes forces pour tenter d'assumer tant bien que mal mes différents engagements.

Je ne me suis jamais senti aussi seul, aussi désorienté, et je ne peux que redouter encore un peu plus fort ce moment où tout s'écroulera. Ma seule chance d'évasion semble bien de me persuader que cela n'est qu'un mauvais rêve…

À cet instant précis, il est vital pour moi de repositionner mon attitude dans la spirale féconde des possibilités. Oui, je peux retrouver vigueur et sommeil de qualité ! Oui, je sens la possibilité de vibrer à nouveau de la plus saine confiance ! Oui, je peux accomplir beaucoup plus en faisant nettement moins d'efforts inutiles ! Oui, j'ai la capacité de **lâcher prise** et d'utiliser mon mental pour me réaliser, plutôt que pour me détruire… Oui, je peux décider d'investir mon temps à dire **Oui** à la vie !

Être mon propre manager, voilà la solution ! En tant qu'Athlète de la Vie, je découvre qu'*ici* est toujours le bon endroit, que *maintenant* est toujours le bon moment, pour prendre soin de moi avant tout et faire de suite le premier pas vers ce nouveau processus. Il ne dépend que de moi de choisir de croire en un rivage nouveau, vierge et des plus cléments !

À chacun de choisir…

Je profite d'une période de relâche, vacances ou long week-end, par exemple, pour avoir l'audace d'utiliser mon temps de façon bénéfique, et je m'octroie des périodes de ressourcement, au contact de la pleine nature. Grâce à elle, je reprends contact avec mon intériorité, ma sensibilité, le ressenti de ma douce vulnérabilité. Je n'ai pas pour but *d'être plus fort*, mais seulement *d'être*. M'appuyant sur cette sérénité retrouvée, je décide avant tout d'en prendre soin, et c'est pour cela que je mets en place cette nouvelle démarche personnelle.

« ***Un manager n'a qu'une seule personne à diriger : lui-même.*** »

PETER DRUCKER

« *Vivre mon quotidien du côté chance !* »

Bien trop souvent, je dilapide inconsciemment mon énergie vitale, cherchant à savoir, pour me rassurer, si mon travail est véritablement fait pour moi, si j'habite au bon endroit, si je partage ma vie avec la bonne personne, si je consacre l'essentiel de mon temps à ce que j'aime…

Voilà bien un « ressassement » stérile, dont l'inconvénient majeur est qu'il renforce, contre mon gré, ce sentiment d'impuissance qui m'enlève tout pouvoir d'optimiser la qualité de mon quotidien. Car un être ainsi divisé ne peut que subir son environnement ! Quel gâchis, en effet, de dilapider ce temps si précieux qui m'est offert, et toute cette énergie qui m'est octroyée, à générer autour de moi une incertitude toujours croissante !

Alors, pourquoi ne pas décider de vivre mon quotidien du côté chance, dans la certitude que ce travail est le bon, que mon habitation est la bonne, que je partage mon intimité avec la bonne personne et que j'utilise la majorité de mes instants à aimer ce que je fais loin du système de la pensée déterministe ?

Je m'investis corps et âme à *vivre* cette précieuse différence. Je m'en délecte ! Ce sont *mes instants*… Je deviens le créateur de mon environnement, je m'ancre fortement dans la présence à ce que je vis, plutôt que de m'égarer dans un scénario stérile à mon propre bonheur.

Et je serai dès lors en mesure de prendre conscience que beaucoup de choses autour de moi ont changé. En fait, un seul paramètre aura en fait évolué : ma propre vision des choses ! Voilà le seul véritable et sain changement qui peut influencer des plus positivement mon existence. Et il ne dépend que de moi, quel beau présent !

À chacun de choisir…

Lors de ces prochaines semaines, je me simplifie radicalement l'existence, en décidant d'être toujours au bon moment au bon endroit. Allégé du fardeau qui m'oppressait, je récupère cette phénoménale énergie pour *vivre pleinement* mon travail, la relation avec mes proches, mon habitation, mes loisirs… Je n'ai rien changé, mais j'ai métamorphosé mon univers quotidien, car j'ai modifié l'essentiel : moi-même !

« Il n'y a de chemin que celui qui est en train de se tracer. »

OUAKNIN

« *Investir sur les autres !* »

Combien de temps et d'énergie dépensés frénétiquement, durant tant d'années, à subir les effets néfastes d'une communication déficiente avec les autres ? Bien trop souvent, je me suis empêtré dans ces tunnels de l'incompréhension, qui s'avèrent un labyrinthe ne pouvant déboucher que sur un dramatique isolement ! Et plus j'ai pu me sentir isolé, plus j'ai été amené à considérer toute rencontre comme un contexte périlleux, dans lequel j'avais tout à perdre. Cette attitude erronée ne pouvait que me pousser toujours plus loin dans cette forme d'égarement.

L'Athlète de la Vie, lui, sait que la relation représente l'un des plus grands leviers de réussite mis à la disposition de l'être humain.

Il est fondamental pour moi de comprendre que le plus grand investissement que je puisse réaliser, où que je sois, est d'investir sur les autres. Ils représentent en fait ma meilleure ressource, une richesse colossale ! En effet, bien trop souvent, en pleine inconscience, je reste sans cesse à l'affût des défauts, des lacunes, des manques… de ceux qui m'environnent, et je reste prisonnier de cet « étiquetage » limitatif. L'essentiel n'est pas de s'entraîner, par exemple, à savoir gérer les conflits, mais bien d'être proactif et d'agir avec anticipation.

Dorénavant, lors de chaque rencontre, je me concentre à libérer les autres de ma vision maladive. En découvrant ce qui rayonne chez eux, j'investis dès lors tout naturellement dans ma propre force. Et, grâce à chacun d'eux, je me réapproprie en fait la riche capacité de découvrir que chaque instant recèle une possibilité de franchir les limitations de la peur.

Et comment puis-je rayonner de bien-être, si ce n'est en utilisant ce même processus de libération avant tout à mon égard ? Je n'attends donc pas un instant de plus pour œuvrer sur ce chemin libérateur d'une communication optimale !

À chacun de choisir...

Lors de mes prochaines rencontres, je me libère radicalement, en décidant de porter toute mon attention sur les qualités de ceux que je croise ! Je leur offre avec plaisir une saine interprétation de leur image personnelle, toujours portée sur ce qui fonctionne. Allégé du pesant fardeau du doute, je récupère cette phénoménale énergie pour *vivre pleinement mes propres talents* au service d'une cause plus grande. Avec leur soutien, je continue de modifier favorablement l'essentiel : moi-même !

« Le bonheur est un parfum qu'on ne peut verser sur les autres sans en recevoir soi-même quelques gouttes. »

RALPH WALDO EMERSON

« *Me sentir bien !* »

J'ai pu à de multiples occasions expérimenter à mes dépens que la recherche compulsive consistant à grimper toujours plus haut sur l'échelle de mes réussites, m'a malheureusement bien souvent conduit sur des chemins parsemés de déboires, de désillusions et de frustrations. Cette obsession à devoir gagner pour recevoir un quelconque crédit, n'a eu pour effet que d'amplifier, au fil des années, un sentiment d'insécurité et d'endommager un peu plus l'image de moi-même.

Au sein d'une société complètement dévolue au culte de la réussite extérieure, chacun, finalement, participe à cette course démoniaque, sans d'ailleurs jamais vraiment croire au fond de lui à sa capacité de franchir la ligne d'arrivée en position de vainqueur. Malgré cela, jour après jour, la majorité d'entre nous se rue quand même sur cette autoroute trompeuse et perverse, en quête de succès. L'équation se résumant à survivre ou mourir… quel autre choix pourrais-je avoir en effet… ?

L'Athlète de la Vie possède, quant à lui, une lecture complètement différente de la situation. Il voit en tout cela les fécondes possibilités, grâce à la clarté de son interprétation. À moi donc de m'en inspirer sans plus attendre !

Quel que soit l'objectif que je me suis fixé : remporter une compétition sportive, obtenir un nouveau marché ou une promotion, conquérir l'élu ou l'élue de mon cœur, ou quitter le froid pour vivre dans une région aux conditions météorologiques plus clémentes, ma quête est toujours identique : me sentir bien !

Alors, pourquoi ne pas inverser l'équation ?

Au lieu d'attendre *d'avoir* ce qui me manque, pour oser *faire* ce que j'aime et *être* enfin bien, je m'autorise, « ici et maintenant », à cultiver, à faire vibrer en moi, avant toute chose, ce sentiment de bien-être !

Ancré dans la puissance de celui-ci, je deviens en mesure de me consacrer avec conviction et plaisir à faire ce qui doit être fait, au mieux de mes possibilités. Toute mon attention se concentre dès lors sur la qualité du geste ou des actions à accomplir, plutôt que sur la volonté d'atteindre ce but ! Ainsi, tout naturellement, je me verrai offrir un résultat des plus favorables.

La conséquence de ce nouvel ancrage est que ma saine attitude de bien-être me propulse à réussir tout naturellement là où j'ai si souvent échoué, malgré l'investissement d'une somme d'énergie colossale ! Et l'ironie du sort, c'est que tout ce processus se matérialisera sans effort, avec simplicité et plaisir.

À chacun de choisir...

Mon objectif principal, pour ces prochaines journées, est de cultiver en moi-même ce sentiment nourricier de bien-être. Dès l'instant où je me surprends à courir après un état futur de satisfaction, j'agis sans plus attendre sur ma physiologie, en prenant le temps d'expirer, tout en rentrant profondément mon ventre. Puis, je laisse naître, de la façon la plus naturelle, une inspiration qui m'emplit de vitalité. Je vis cet exercice trois fois de suite, puis je me consacre, dans le plaisir, à réaliser au mieux l'activité qui requiert mon attention à ce moment précis.

Grâce à cette pratique, je continue à modifier favorablement l'essentiel : moi-même !

« Je rêve d'accomplir une tâche grande et noble,
mais mon devoir principal est d'en accomplir
de petites, comme si elles étaient grandes et nobles. »

HELEN KELLER

« L'épice de la vie ! »

On m'a scrupuleusement inculqué, à travers mon éducation, à rechercher constamment dans la vie une pseudo-sécurité, ce qui n'a pu qu'entraver en fait mon propre épanouissement. Cette manière d'aborder l'existence en anticipant avant tout les « problèmes » que l'on est susceptible de rencontrer, ne peut inciter personne à arpenter audacieusement le chemin de la prise de risque…

Bien trop souvent, s'aventurer dans l'inconnu m'apporte bien sûr sa cohorte d'incertitudes et de craintes. Cette situation, en effet, offre bien des opportunités à l'une des parties de moi-même, le fameux « saboteur », qui se rue à l'attaque en me suggérant des scénarios, tous plus obscurs et chaotiques les uns que les autres. Dès lors, je ressens vibrer en moi un malaise qui ne cesse de grandir… Vouloir dans ces conditions envisager la matérialisation d'une nouvelle façon de vivre, se transforme en un nid de vipères qui ne m'encourage en aucun cas à agir pour me sortir de la torpeur du moment.

En tant qu'Athlète de la Vie, je décide de m'extraire définitivement de ce cercle vicieux du « subir ». En effet, vivre ne rime en aucun cas avec le fait de se limiter un peu plus chaque jour. Vivre signifie, tout au contraire, oser entreprendre l'aventure de la nouveauté et de l'expansion. L'évolution représente le but naturel de tout être humain. La prochaine fois que je chercherai difficilement mon chemin, aux prises avec ces doutes et incertitudes, j'opterai pour la prise de conscience que ceux-ci ne sont en fait que des façons de penser néfastes et limitatives, pensées abondamment ressassées, au point de devenir des habitudes immobilisantes.

Pour m'extirper de ce piège, je me concentrerai à nouveau sur cette expérience de ma prime jeunesse, dont le souvenir reste présent :

par exemple, ma première occasion de faire du vélo dans la pénombre. Pendant quelques instants qui m'ont paru interminables, j'ai dû en effet avoir l'audace de pédaler sans rien y voir, afin que la dynamo s'active progressivement et éclaire ainsi ma route… Et dès lors, la magie de vivre éclaira à nouveau le chemin de mon existence avec une saveur des plus précieuses.

Ainsi, dans mon quotidien, je peux retrouver aisément le plaisir d'apprivoiser le non connu, ce qui renforce chaque fois un peu plus la maîtrise de mon comportement, donc de ma vie. Grâce à cela, je me reconnecte avec l'épice de la vie !

À chacun de choisir…

Afin de m'aventurer naturellement sur le chemin du non connu, où réside l'épice de la vie, je profite de l'opportunité que m'offre chaque journée pour m'aventurer avec confiance dans un domaine où je me confronte avec l'inconnu. Que ce soit d'aborder un quidam dans la rue, de contacter un client potentiel considéré comme inaccessible, de changer de moyen de transport ou de trajet, de découvrir un nouveau sport ou un nouveau mets, de changer mon eau de toilette ou ma… coiffure, de marcher seul en pleine obscurité…

Je ne cesse de cultiver en moi-même ce sentiment nourricier de bien-être : me sentir vivre, vibrer ce sentiment d'être en vie !

Comme dans toute activité, seule une pratique assidue me permettra de progresser naturellement et à mon propre rythme.

Grâce à cette pratique, je continue de modifier favorablement l'essentiel : moi-même !

« Celui qui regarde vers le haut
ne peut jamais avoir le vertige. »

Milan Kundera

« Vivre avec proactivité ! »

Si je suis intègre et objectif avec moi-même, je remarquerai que je dilapide une grande partie de mon temps à réfléchir à tout ce qu'il serait bien que je fasse aujourd'hui, plutôt que de passer tout simplement à l'action. En fait, avec cette manière d'aborder mon quotidien, je ne fais que le compliquer un peu plus chaque jour, assombrissant mon existence. Eh oui, combien de fois ne remets-je pas à plus tard une tâche que je trouve ennuyeuse, un téléphone qui me semble important, donc angoissant, une visite à une personne malade, ou encore la reprise d'une activité physique, pourtant essentielle à mon hygiène de vie…

On appelle cela la « procrastination ». Un phénomène plus que commun, auquel je cède de façon impressionnante ! Mais voilà, chaque fois que j'y cède, cela accentue la pression sur ma vie quotidienne, sur mon moment présent, ainsi pollué par le poids de la tâche qui attend… Cette fâcheuse habitude à procrastiner sape donc insidieusement ma capacité à agir. Le corollaire est bien entendu que je m'enferme dès lors malgré moi dans la spirale du « subir ». Toute action à entreprendre devient instantanément une montagne infranchissable, dangereuse, qui prend indéfiniment de la hauteur. Et, plus elle grandit, plus la confiance que je m'accorde diminue.

L'Athlète de la Vie que je décide d'incarner sait dissiper cette illusion. Pour me libérer définitivement de cette entrave, il me faut prendre conscience que la seule raison de mon inaction repose sur une interprétation fondamentalement erronée. J'ai en effet le choix, en tout temps, d'évaluer cette tâche à accomplir, ce téléphone, cette visite, ou encore la reprise de telle activité physique, sous un angle positif et serein : apporter de la vitalité à mes instants, tout de suite ou jamais, plutôt que de les obscurcir de perspectives déplaisantes !

L'action immédiate naîtra dès lors spontanément et me procurera la liberté d'esprit. Et quel plus précieux « présent » pourrai-je jamais recevoir que de vivre avec proactivité ?

À chacun de choisir…

Désormais, je porte toute mon attention à repérer les instants durant lesquels je cède à la pernicieuse tendance à procrastiner. Instantanément, je quitte alors cet état psychique perturbateur en effectuant une expiration profonde, suivie d'une inspiration régénératrice, puis je passe à l'action, et j'exécute tout de suite ce que j'avais envisagé de remettre à demain.

Chaque fois que j'agis ainsi, je renforce mon potentiel de confiance intérieure !

« Notre vie est ce qu'en font nos pensées. »

Marc Aurèle

« *L'illusion du "faire"* ! »

L'hégémonie du *faire* emprisonne mon quotidien ! Que ce soit au bureau, dans les transports publics, en vacances, à la maison, au supermarché… règne une idée quasi obsessionnelle : ***faire*** quelque chose, et, surtout, faire beaucoup de choses le plus rapidement possible !

En effet, il est très malvenu, au sein de notre société affairée, de consacrer son temps à ne rien faire. Ceci ne peut attirer sur moi que l'image réductrice de quelqu'un qui cultive la paresse, donc un perdant ! Toutes les parcelles de temps, et ceci à un âge toujours plus précoce, se doivent d'être occupées par une activité quelconque. L'empire de la distraction a tendu sa toile, pour emprisonner chacun. L'illusion du ***faire*** est partout…

D'ailleurs, lorsque quelqu'un m'interpelle, c'est pour me poser l'inévitable question : « Qu'est-ce que tu fais ? » Et si je ne supporte plus ce que je fais à l'heure actuelle, on me demande ce que je souhaiterais faire à la place… Quant à ce que j'ai pu faire par le passé, on me questionne avidement pour découvrir ce que j'aurais pu faire différemment… « Faire ou ne pas faire », ainsi se trouve métamorphosée la célèbre réplique de Shakespeare…

Derrière cette frénésie de *faire*, l'Athlète de la Vie a cependant pu déceler un objectif supérieur : être bien ! Seulement voilà : tant que je ne choisirai pas de placer l'***être*** à la première place, je ne cesserai pas de vivre tourmenté, aux prises avec un grand chaos intérieur ! Et tant que sera présent ce grand chaos intérieur, je ne pourrai que me précipiter dans le monde, pour trouver quelque chose à faire, afin de surmonter ce vide que j'éprouve au fond de moi.

Dans un schéma traditionnel, la seule recette connue, devenue une habitude sclérosante, est de mettre fin à ce vertige par l'obtention d'une quelconque reconnaissance extérieure. Pour y parvenir, je me dois de *faire quelque chose*, ce qui me procurera le bénéfice, pendant de brefs instants, de me sentir un peu mieux...

Alors, dorénavant conscient de cette voie sans issue, je décide de prendre le temps de m'arrêter, afin de choisir l'***état*** que je souhaite cultiver : heureux, serein, aimant, guérissant, abondant, utile... puis, quelle que soit mon activité, j'incarne cet état quotidiennement, sans relâche ! Et, à ma grande surprise, un beau matin, cet état aura donné naissance, tout naturellement, à la forme de vie dont j'avais tant rêvé précédemment...

À chacun de choisir...

La prochaine fois que je choisis un objectif à atteindre, je prends le temps d'inverser le processus, et je me pose prioritairement la question : « *Quel est en fait* ***l'état*** *que je recherche à travers cet objectif ?* »

Puis, au lieu de m'acharner à *faire*, ce qui ne peut générer aucun changement, je prends soin à tout instant de cet état que j'ai choisi.

Voilà le véritable challenge de l'Athlète de la Vie !

« La plus grande tâche que l'homme ait à accomplir dans sa vie est de se donner naissance à lui-même pour devenir ce qu'il est potentiellement. »

Erich Fromm

« *Quel bien joli "présent" ai-je reçu par le seul fait d'être en vie !* »

Quel bien joli présent ai-je reçu par le seul fait d'être en vie ! Ce joyau mis gracieusement à ma disposition, devient pour la plupart d'entre nous un simple dû et perd très rapidement l'ensemble de ses précieux attraits. Ce bijou à la valeur incommensurable se trouve ainsi banalisé, ravalé au rang d'un simple artifice. Il devient même, pour beaucoup, un lourd fardeau que nous devons assumer péniblement jour après jour.

Ainsi, je ne parle plus du privilège de *vivre*, mais je communique maladroitement, à qui veut l'entendre, l'immense difficulté qu'il y a de nos jours à *survivre* dans cette galère du quotidien. Le souci domine la capacité de s'émerveiller. Celle-ci se trouve ramenée à une divine utopie, réservée à la jeunesse, et encore…

L'Athlète de la Vie a reconnu instinctivement que la capacité de s'émerveiller représente vraiment un grand pouvoir ! Pourtant, cette faculté essentielle et innée, qui a imprégné toute mon enfance, a perdu l'essentiel de sa spontanéité dans l'agitation du quotidien. Aux prises avec ce trop-plein d'obligations, de préoccupations…, j'en suis arrivé à ne plus capter la beauté des choses, et à la laisser se perdre dans l'oubli.

Comment entrer à nouveau dans la peau – et dans la chair – du découvreur, de l'explorateur du quotidien, qui se laisse tout naturellement et constamment enchanter ? Il suffit de se mettre à l'écoute de tout événement, expérience ou situation que j'apprécie : me glisser dans un bain chaud aux senteurs enivrantes, marcher main dans la main avec quelqu'un qui m'est cher, partager en silence un lever de soleil, bâtir avec mon enfant un château de sable, ressentir le vent chaud ébouriffer ma chevelure, plonger mon regard dans le ciel étoilé, ressentir véritablement l'étreinte de l'être aimé, plonger au cœur d'un instant de solitude, me délecter d'une glace à l'ombre d'un tilleul…

Je réapprends alors que beauté rime avec création. Et vivre représente cet acte de création. Je jouis de ce pouvoir régénérateur le plus souvent possible ! Je suis pleinement conscient de cette chance qui m'est léguée, ici et maintenant, de ressentir le sang battre vigoureusement dans mes veines. Le cœur vibrant de gratitude, je décide d'être au service de la qualité de ma vie, au lieu de la dilapider en m'épuisant dans la conquête de l'illusion d'exister. La seule valeur d'une vie réussie, c'est la somme des moments d'appréciation qui se sont matérialisés.

Alors, est-ce qu'à cet instant précis, je cultive la vie ou la mort ? Suis-je un artisan des sentiments heureux ou un collectionneur de l'aigreur ? Le bonheur est-il présent en abondance dans mon Cœur Liberté, ou exilé en une utopique terre promise ?

À chacun de choisir…

Tout au long des activités qui parsèment chaque journée, je prends le temps de me délecter des choses simples de la vie qui me touchent. Cela me permet de constituer et d'enrichir sans cesse un capital personnel d'émerveillements !

En effet, chacun de ces instants vécus à **apprécier** offre tout naturellement de la valeur à mon existence. Grâce à cet investissement régulier, j'accrois la puissance de mon bien-être et donc la maîtrise de ma vie.

Voilà le véritable bonheur de l'Athlète de la Vie !

« Souviens-toi qu'il existe deux types de fous : ceux qui ne savent pas qu'ils vont mourir, et ceux qui oublient qu'ils sont en vie. »

Patrick Declerk

« Devenir le véritable tempo de la vie ! »

À chaque instant de mon quotidien, deux rythmes de vie s'offrent à moi. L'un, effréné, voit les accélérations s'enchaîner, alors que mon attention se porte essentiellement vers l'approbation d'autrui, sans pour autant l'obtenir. Malgré cela, mon seul point d'ancrage se résume à toujours vouloir faire plus de choses rapidement, pour pouvoir, selon mes croyances, sortir ma tête de l'eau et simplement pouvoir enfin éprouver un certain réconfort du devoir accompli. Cette attitude dévore petit à petit ma vitalité et accroît mon inconfort intérieur. Ce faux rythme se caractérise par une sensation de mal-être, de crainte, et par le sentiment de devoir faire toujours plus et plus rapidement, juste pour survivre.

L'Athlète de la Vie que je suis a compris que, dès que je me surprends à être sous l'emprise de ce processus, j'entreprends instantanément de ralentir. Ralentir ma façon de bouger, de m'exprimer, et aussi de penser… Et, plus une voix intérieure me répète que ce n'est surtout pas le moment de ralentir, plus j'ai l'audace de le faire et de le vivre ! Alors seulement s'offre à moi l'opportunité de sortir de cet état déréglé, dévorant, autodestructeur…

Et de retrouver tout naturellement le véritable rythme de la vie !

Avec cet autre rythme, harmonieux, lui, j'épouse totalement l'instant et l'action qui en découlent, avec une attention totale, je suis devenu le véritable tempo de la vie. Cette concentration optimale me procure une joie instantanée qui amplifie de manière croissante mon capital santé.

Je ne cherche alors plus à *convaincre* qui que ce soit, à faire le *geste idéal* ou trouver les mots parfaitement *adaptés* aux circonstances… Je suis **devenu** la puissance de la conviction, du mouvement optimal, du partage qui touche le cœur de chacun.

La fluidité de vivre s'offre alors à moi, m'évitant les écueils imaginaires que sont majoritairement les obstacles qui se dressent sur mon chemin. Quant aux vrais obstacles, ils deviennent des tremplins qui me hissent au statut envié du « trouveur de solutions ». Une seule condition, s'abandonner cœur et âme à croire en ce que je suis ! *À chacun de choisir…*

Je vais être particulièrement attentif, ces prochains jours, au rythme auquel j'évolue dans tout ce que j'entreprends : est-il effréné ou s'agit-il du vrai rythme ? Dès lors que mon mental me harangue pour que j'accélère, aux fins de rattraper le temps, j'ai l'audace au contraire de ralentir exagérément mon rythme afin de quitter le territoire du « réactif ».

Pour cela, j'ose m'arrêter quelques instants, j'expire profondément trois fois de suite, puis je marche lentement, je roule au-dessous des limitations de vitesse, je parle avec tranquillité…, pour m'apercevoir que tout rentre dans l'ordre, naturellement et écologiquement, dès l'instant où je bouge sur le véritable tempo de la vie. Tout va alors bien…

Voilà le véritable rythme de l'Athlète de la Vie !

« Une bonne vie est caractérisée par une absorption totale de ce que l'on fait. »

Mihaly Csikszentmihaly

« *Croquer la Vie !* »

Beaucoup trop d'entre nous n'accèdent à un niveau de motivation optimale qu'au travers de situations alléchantes. Avec cet état d'esprit, je vais subir de plein fouet l'impact de la morosité, en m'obstinant à croire que l'accès à l'envie de croquer la vie réside dans les choses extérieures qui me sont offertes. Or, à partir de là, ce sentiment criard de manque d'appétit de vivre journalier, ne va faire que s'amplifier. Cette étroitesse de mon attitude va, petit à petit, engendrer une certaine fossilisation de mon existence.

La grande erreur dans laquelle je tombe bien trop souvent est d'appliquer à mes activités une espèce de classement : importantes ou insignifiantes... Il est clair que mon ego se satisfait bien davantage de la réalisation de tâches considérées comme nobles, plutôt que de perdre son temps dans des réalisations de peu d'intérêt, répétitives, rébarbatives...

L'Athlète de la Vie comprend et intègre que, pour être présent lors de moments importants, il lui faut apprendre à être tout autant présent chaque instant ! Quelle que soit la tâche qui se présente, il s'investit de toute sa personne, car il sait qu'il consacre bien plus de temps à lacer ses souliers, faire sa toilette, s'habiller, descendre la poubelle, marcher dans la rue, conduire sa voiture... qu'à conclure l'affaire du siècle, trouver LA solution à un problème majeur, gagner son match, décorer sa nouvelle maison, ou même passer un week-end de rêve avec ses proches !

Si je reste prisonnier de ces limites, vivre intensément devient pour moi un luxe rare. En revanche, dès lors que je décide de *pratiquer* ma vie, toute activité devient une occasion d'entraîner ma maîtrise personnelle et, fort de ces répétitions, je vais m'offrir un état permanent de réussite !

L'état nourricier du bonheur ne se *trouve* pas, il se *pratique* comme tous les arts. L'art de vivre me procure l'accès à la liberté du cœur. Je suis alors, où que je sois, quelle que soit mon occupation, simplement présent à la joie.

À chacun de choisir…

Dès aujourd'hui, j'aborde ces tâches que je considérais comme insignifiantes avec un nouvel état d'esprit, tout dévoué à celles-ci. Grâce à elles, je bénéficie de multiples opportunités pour harmoniser sereinement mon comportement. Je vis ces instants avec un état d'esprit neuf, ce qui va, tout naturellement, m'offrir une vie neuve !

Voilà l'art de vivre de l'Athlète de la Vie !

« Le but n'est pas de vous amener à consacrer votre vie à l'entraînement, mais à consacrer cet entraînement à votre vie. »

DAN MILLMAN

« Vivre c'est risquer ! »

Qui que je sois, le fait de vivre implique la notion essentielle de « découvrir ». Et toute découverte a commencé par un jaillissement d'audace du plus profond de l'individu, osant s'aventurer sur des terres vierges, nouvelles. Évidemment, chaque fois que j'ai opté pour ces destinations aguichantes, mais incertaines, je me suis trouvé confronté, à un moment ou à un autre, à la chute.

Personne ne peut conquérir sans connaître ainsi la poussière, avec les ricanements sournois de ceux qui parlent beaucoup, mais ne tentent jamais rien... Une seule chose compte cependant, dans ces moments pénibles : choisir de tout mon être de m'accrocher à ma vision. En tant qu'Athlète de la Vie, je sais que la constance et la patience sont toujours favorables. J'insiste, la persévérance est toujours favorable !

Je prends le temps de me souvenir de cette période de ma prime enfance, pendant laquelle la ténacité était chez moi une faculté tout à fait naturelle. En effet, concentré totalement sur ce que je voulais obtenir, j'insistais alors sans cesse, recommençais encore et encore ma tentative, jusqu'à pleine satisfaction. Rien n'était alors impossible !

Mes premiers pas en furent le symbole, apprivoiser la maîtrise de ma bicyclette représenta une autre étape importante, tout comme savoir écrire, calculer... et bien d'autres choses encore ! La persévérance était une caractéristique intégrante de ma manière d'être. Lorsque je désirais quelque chose, je le demandais, certain de le recevoir. Même après une centaine de refus, je revenais inlassablement à la charge, pour enfin concrétiser mon objectif.

Or, cette force, ce pouvoir, réside toujours en moi à ce jour, car ce comportement gagnant est inscrit de façon indélébile dans ma mémoire cellulaire. Alors, quel que soit le défi qui se dresse devant moi aujourd'hui, j'ai l'audace d'agir avec confiance et enthousiasme pour lui donner vie !

Et je m'aventure même encore plus loin. Je cultive à tout instant le goût sucré et salvateur du « risque ». Je sors des sentiers battus pour le simple plaisir de ressentir l'élan de la vie sourdre vaillamment dans mes artères. Vivre, c'est risquer !

À chacun de choisir…

Chaque fois que je me surprends à baisser les bras, découragé par une situation qui me semble sans issue, je décide de rebondir. J'adapte sans relâche ma façon de faire, jusqu'à obtenir le résultat souhaité. Comme lorsque j'étais enfant, j'ose toujours agir une fois encore, une fois de plus, pour atteindre mon objectif !

Voilà la saine ténacité de l'Athlète de la Vie !

« Telle est la vie, tomber sept fois. Et se redresser huit ! »

Poème japonais

« La puissance régénératrice de la bonne humeur ! »

Au sein de notre société axée sur la compétitivité, l'émotion n'a eu à ce jour qu'une place des plus ténues. En effet, l'aberration confinant à la caricature, est même allée dans le milieu de l'entreprise, jusqu'à proscrire, pour qui voulait gravir les fameux échelons, le fait de montrer tout signe émotionnel. Il ne fallait donc surtout pas parler d'émotions, et les garder au chaud pour la sphère privée.

Mais comment motiver une équipe de collaborateurs, sans avoir accès au langage viscéral du cœur ? En tant qu'*être humain*, je me devais donc de me transformer en *faire humain*, qui ne connaissait surtout pas la peur, la joie, la tristesse… en me coupant par conséquent de mes racines. En tant qu'Athlète de la Vie, je reconnais que l'émotion est toujours partout présente, qu'elle représente la sève de tout projet.

Qu'est-ce donc que l'intelligence émotionnelle ? C'est tout simplement la capacité de déterminer les deux voies qui s'offrent toujours à moi : soit je suis de bonne humeur, soit je suis de mauvaise humeur. En l'occurrence, pour réussir quoi que ce soit et durer sur la spirale du véritable succès, il est prépondérant de savoir cultiver la bonne humeur, synonyme de hautes fréquences énergétiques, qui riment avec vitalité. Une saine gestion émotionnelle me sera donc amplement bénéfique pour conserver un haut niveau de vitalité.

Il existe en effet un lien privilégié entre mes sentiments et mon système immunitaire. La puissance régénératrice de la bonne humeur est l'un des atouts majeurs de ma santé. Les scientifiques ont pu établir que, sous l'effet d'intenses émotions négatives, la sécrétion d'immunoglobulines A (IgA), représentant la première parade du corps contre les virus et autres perturbateurs, s'effondrait durant les six heures consécutives à ce stress intense.

Cette fragilisation de l'organisme permet alors l'agression infectieuse.

Par contre, un intense ressenti d'émotions agréables entraîne, lui, une sécrétion plus forte d'IgA, lors des six heures suivantes. Je saisis une fois de plus quel bénéfice capital offre la maîtrise des fluctuations de mon comportement, et je cultive donc avec entrain tout sentiment de bien-être, afin d'optimiser le niveau énergétique de mon corps.

À chacun de choisir…

Je deviens attentif à toute perturbation émotionnelle. En pleine conscience, je me concentre alors à apaiser cet état de stress en rééquilibrant mon rythme cardiaque. À cette fin, j'effectue quelques expirations profondes, puis porte mon attention sur le bien-être éprouvé en vivant cette respiration ventrale. Et, plutôt que de les subir, j'apprends à prévenir ces états destructeurs en m'imprégnant très régulièrement de souvenirs agréables et régénérateurs.

Voilà la raison de la bonne humeur communicatrice de l'Athlète de la Vie !

« La haine, c'est l'hiver du cœur. »

VICTOR HUGO

« *Rire ma vie !* »

À force de tenter de vivre ma vie, j'en oublie tragiquement le besoin de « rire » ma vie… Il est devenu si rare, à notre époque, de croiser des visages portés par le ravissement de rire, d'entendre autour de soi les sifflements enjoués d'un cœur joyeux… Mais alors, où sont donc passés ces adultes rieurs, en existe-t-il encore dans nos contrées, ou est-ce que le rire est devenu l'apanage des seuls enfants ?

Des études en psychologie sociale nous rappellent opportunément qu'un enfant va rire en moyenne cent cinquante fois par jour, pendant qu'un adulte va, quant à lui, rire bien peu, environ six fois… Le sourire ornera le visage lumineux des enfants quatre cent fois dans la journée, pendant que celui de l'adulte n'en sera paré qu'une quinzaine de fois…

Au regard de ces résultats implacables, on comprend que la joie de vivre ne fait plus guère recette dans le monde des adultes… Bardé d'obligations et de contraintes, j'en arrive donc si souvent à oublier de rire… Pourtant, comme nous le rappelle Jean Giono, dans son superbe ouvrage *Que ma joie demeure*, le rire est à la portée de chacun, dès l'instant où il modifie les priorités de son existence. En donnant de moi-même, je m'enrichis instantanément, alors que, en cherchant toujours à obtenir plus, je m'appauvris irrémédiablement, pour me retrouver tout seul dans mon coin, à ne plus savoir quel est le parfum de l'élixir de longue vie, le rire.

Pourtant, quel plus beau cadeau puis-je recevoir, que de sentir jaillir à nouveau du fond de mes entrailles ces bouffées d'oxygène régénératrices que représentent mes éclats de rire ? Bien trop souvent, en effet, la propension à mettre du sérieux dans l'interprétation des choses introduit une grande rigidité dans mon quotidien.

Rire, c'est tout naturellement laisser s'exprimer en moi cet état de l'enfance, si proche des étoiles ! Je ressens une unité totale à l'instant, grâce aux soubresauts de mon corps, qui me libèrent instantanément d'un amas de tensions. Spontanément, ma respiration vient s'ancrer au creux de mon ventre et, comme par enchantement, mon mental se concentre délibérément sur de joyeuses expectatives !

Lorsque je ris, je dépose virtuellement mes armes de défense, pour pouvoir m'imprégner totalement du moment. Je ne montre plus des mâchoires crispées, mais bien un éclat de ma personne, ouverte, heureuse, vivante ! Et si une partie de moi me répète que c'est bien beau de rire, mais que les événements et notre environnement encouragent plutôt à se morfondre, je décide sur-le-champ d'en rire à gorge déployée !

À chacun de choisir…

Je mets en pratique immédiatement et le plus souvent possible la maxime suivante :

« N'attends pas d'être heureux pour rire, sois rieur et tu seras heureux ! »

Au cœur de mon quotidien, je réintroduis progressivement des instants pour tout simplement « jouer », pour me sentir en vie, pour oser à nouveau faire des choses prétendues inutiles. L'utile me rouille l'âme, l'inutile me propulse à nouveau à côtoyer les étoiles !

Voilà la raison de vivre joyeuse de l'Athlète de la Vie !

« La jeunesse sourit sans raison.
C'est l'un de ses plus grands charmes. »

Oscar Wilde

« Chaque instant est neuf ! »

Il m'arrive si souvent de me sentir emprisonné au sein de mon existence et de ne voir aucune porte de sortie possible. Ce ressenti renforce toujours un peu plus intensément le sentiment de malaise qui m'anime sournoisement, avant le début de chaque journée. Cette oppression est bien présente, avec plus ou moins d'intensité, et c'est sur cette base que, inconsciemment, je me lance chaque matin dans mes activités. En lieu et place du cœur à l'ouvrage, j'éprouve bien plutôt cette insatisfaction, devenue habituelle, pour ne pas dire chronique…

En tant qu'Athlète de la Vie, il est prépondérant que je prenne conscience que chaque instant est neuf ! Je possède en effet l'extraordinaire possibilité de donner naissance à de nouveaux comportements, bien plus profitables à mon bien-être, et créateurs d'un environnement quotidien harmonieux.

Une seule condition est à satisfaire pour que je puisse bénéficier de cet atout : utiliser enfin mon pouvoir de décision. Grâce à lui, je peux donner à mon existence un élan régénérateur, en cessant de subir ma vie, de me « victimiser », ou encore de blâmer les circonstances, les autres, moi-même… pour me libérer ! Oui, ceci est tout à fait possible et ce pouvoir m'est accessible facilement.

Pour cela, j'utilise avec une ferveur toute particulière cet outil capital que représente le **libre choix**. Je me rends compte que le fait de choisir représente la seule bonne issue ! Cette capacité me donne accès à tout instant, et quelle que soit la situation, à un avenir, une vie réussie. Je n'attends pas une minute de plus pour jouir enfin de cette bénédiction. Ici et maintenant, je me réaligne dans le sens de la fluidité, en envisageant ma situation actuelle sous un regard différent et alléchant.

Je décide par moi-même d'une direction, j'apprécie mentalement tous les bénéfices que m'apportera ce choix et je passe à l'action, sans plus attendre, pour concrétiser et faire fructifier ce nouvel état d'esprit. J'apprécie à sa juste valeur le pouvoir de choisir. Ainsi, à chaque pratique, je renforce ce talent qui propulse l'Athlète de la Vie que je suis à vivre sa propre vie.

À chacun de choisir…

Chaque soir, avant de m'endormir, je décide d'accomplir une tâche que j'ai tendance à toujours remettre à plus tard, par exemple, classer ces dossiers encombrants… Je m'imagine, ici et maintenant, me concentrant sur les détails, en train d'effectuer cette tâche avec facilité, rapidité, simplicité et joie. Dès mon réveil, je répète cette « visualisation succès » et respecte ensuite mon engagement en accomplissant bien ce qui doit être fait au cours de ma journée. Je développe ainsi mon pouvoir de décision et de maîtrise personnelle jour après jour, sur des petites choses, par la pratique.

Voilà la richesse proactive de l'Athlète de la Vie !

« ***Ceux qui n'attendent rien du hasard sont les seuls à se rendre maîtres de leur destin.*** »

MATTHEW ARNOLD

« Quel bonheur d'être riche de mon temps ! »

Si je prends tranquillement quelques instants pour m'asseoir sur un banc, au cœur d'un quartier d'affaires, et que j'observe les différentes scènes qui se déroulent sous mes yeux curieux, je découvre un dénominateur commun : femmes et hommes de tout âge, toute origine et tout milieu, s'agitent frénétiquement dans tous les sens, accélérant le pas tout en gardant le visage crispé, profitant de parler en vitesse dans leur téléphone portable à une autre personne, qui, quelque part ailleurs, se rue dans la même course effrénée…

Partout ce besoin fallacieux de vitesse fait rage, car il s'agit de dompter à tout prix le manque cruel de temps mis à ma disposition, compte tenu de toutes mes obligations. Le surcroît d'activités dans lequel je me complais trop souvent, séduit par un rythme trompeur, ne fait que saper ma vitalité et ruiner ma bonne humeur. Ainsi, jour après jour, victime de « manque de temps », je m'épuise. Obnubilé par une quête inlassable de ce que je crois être des « réussites », j'en oublie complètement la plus belle des richesses : le temps !

Et pourtant, je suis bien le seul à pouvoir jouir pleinement et intensément de mes propres instants et ne plus laisser les autres dilapider mon trésor. Il me faut tout d'abord prendre conscience d'un illogisme fondamental : je me focalise à concentrer dans ma vie une somme d'obligations, croyant que cela me procurera, un jour […] l'état de bien-être ! En réalité, je ne fais que générer et amplifier toujours davantage le mal-être, pris dans un étau qui se referme sur moi.

Or, en tant qu'Athlète de la Vie, j'ai toute liberté de me libérer de cette entrave. Il me suffit de… m'arrêter. Puis, je goûte comme un fruit trop souvent défendu, je laisse mon épiderme me guider dans ce ressenti, que j'amplifie le plus possible. J'ai « débranché la prise du faire », stoppé cette préhension exclusivement mentale de ma vie, et je me suis offert le cadeau de savourer, tout simplement quelques secondes d'éternité. Ensuite, devenu parfaitement conscient de l'instant présent, je peux reprendre mes activités, animé par une vraie présence. Et à ma plus grande surprise, tout se synchronise dès lors harmonieusement pour me permettre d'atteindre écologiquement mes différents objectifs. Quel bonheur d'être riche de mon temps, de jouir de ces 24 heures nouvelles !

À chacun de choisir…

Pour dissoudre la croyance erronée et malsaine selon laquelle « je manque de temps », je m'offre chaque jour le plaisir de l'exercice suivant : au milieu de mon marathon quotidien, je décide de m'arrêter, pour prendre conscience et ***ressentir*** combien 1 minute, 60 secondes… est un temps infiniment long… Je règle la sonnerie de mon portable, ou de ma montre, sur 60 secondes. Au moment où je lance le compte à rebours, je ferme les yeux et plonge dans le ressenti de la relativité du temps. À la sonnerie, mon interprétation du temps aura changé !

Voilà pourquoi un Athlète de la Vie a toujours le temps !

« Ma mission est de tuer le temps et
la sienne de me tuer à son tour.
On est à l'aise entre assassins. »

E.M. Cioran

« *Le véritable changement doit naître à l'intérieur de moi !* »

Le véritable pouvoir personnel commence par l'acceptation de ce qui est. Que d'énergie dilapidai-je chaque jour à refuser les situations auxquelles je suis confronté, frustré que mes attentes ne soient pas pleinement satisfaites ! Que ce soit l'endroit où je suis, les aspects de mon travail, les personnes autour de moi… tout me répugne. Et, jusqu'ici, je me suis fatigué à combattre ces perturbateurs extérieurs, qui, bien entendu, n'ont de cesse que de revenir miner mon quotidien.

En effet, plus j'accorde de l'attention à un problème, plus je le nourris, et donc plus la résistance se fait grande. Comme les maîtres d'arts martiaux nous le répètent, plus nous poussons un mur, plus ce même mur nous renvoie la même force en sens contraire. La puissance de l'opposition grandit et, si je décide de m'obstiner à vouloir infléchir le mur dans la direction que j'ai choisie, je ne parviendrai qu'à m'épuiser et à me bloquer le dos… Je peux aisément déterminer au sein de ma propre existence de multiples exemples qui confirment ce principe.

L'Athlète de la Vie que je suis a par contre parfaitement intégré que, lorsqu'il se trouve confronté à la dureté, le seul antidote sera la douceur. Je comprends donc que le véritable changement doit naître à l'intérieur de moi, et que rien ne sert de s'opposer aux situations de « résistance » que je rencontre.

Dès l'instant où je décide que l'endroit où je me trouve est le bon, puisque je m'y trouve, de m'adonner sans réserve à ce que je fais, puisque je le fais ; de m'investir pleinement dans la relation avec les personnes qui partagent ma vie, puisqu'elles la partagent ; je découvre alors que tout change autour de moi. En ne résistant pas à ce qui est, en l'épousant totalement, la magie s'opère, le négatif disparaît pour laisser la place à des lieux, des activités et des personnes que même mon imagination n'aurait pu envisager.

Aussi longtemps que je refuserai cette leçon, elle reviendra m'assaillir indéfiniment. En la vivant, elle laisse la place à quelque chose de neuf. Au lieu de m'user à opposer une résistance rigide à une situation non désirée, j'opte spontanément pour ce côté « Petit Prince » qui apprivoise sans cesse son environnement, en profitant du pouvoir de la douceur.

À chacun de choisir…

Je m'entraîne chaque jour à épouser ce qui est. Dès que je ressens une résistance, un refus de ce qui se présente sur mon chemin, j'entreprends avec conviction de faire corps avec la situation présente. Je décide que je suis au bon endroit, au bon moment, en train de faire de moi-même ce qui doit être fait, ou de vivre pleinement la relation avec ceux qui m'entourent.

Voilà le talent véritable de l'Athlète de la Vie !

« Le bien est le bon usage que l'on fait de n'importe quoi. »

Marcel Jouhandeau

« Aimer ce que je fais ! »

Bien trop souvent, que ce soit sur un plan personnel ou en entreprise, on se concentre sans cesse à chercher ce qui manque, ce qui ne va pas, et on cherche à régler le problème. Nous passons en effet la plus grande partie de notre temps, casquette de « dépanneur » enfoncée sur la tête, à courir à tout venant, pour réhabiliter ce que nous trouvons de nature abîmée ou obsolète. À aucun moment notre esprit n'est pénétré par l'idée qu'il peut y avoir autant de choses qui fonctionnent que de choses qui ne marchent pas. Pourquoi n'emprunterions-nous pas la voie consistant à amplifier ce qui fonctionne bien, au lieu de s'obstiner à vouloir réparer, régler, les dysfonctionnements qui nous environnent ?

À l'école déjà, sur une dictée de 300 mots, on va mettre en évidence les 10 fautes du jeune enfant et le cataloguer comme étant « mauvais en français »... Imaginons cependant un professeur qui relèverait plutôt que 290 mots sur 300 étaient correctement orthographiés, félicitant l'enfant de cet excellent taux de réussite, qui est bien réel. Puis, ce même professeur mettrait l'élève au défi, dans la prochaine dictée, de réaliser 291 mots justes. Avec ce nouveau regard sur ses capacités, pleinement motivé, celui-ci atteindra facilement ce résultat, puis le dépassera et, en l'espace de quelques mois, aura inversé la tendance et sera devenu compétitif dans cette matière.

Et nous, combien de fois jugeons-nous des personnes « non compétentes », que ce soit un sportif, un collaborateur, un enfant... au lieu de relever que c'est l'approche, le regard, de l'entraîneur, du chef ou du professeur, qui n'est pas du tout à la hauteur... ? Cette façon traditionnelle de focaliser sur ce qui ne va pas péjore sans nul doute le potentiel de la personne, ou de l'équipe, qui la subit et en diminue la qualité. Dire que cet affaiblissement se révèle peu fertile est un euphémisme…

En tant qu'Athlète de la Vie qui réussit, j'apprends à me libérer de cette condition pernicieuse en me concentrant dorénavant sur mes qualités et talents, ainsi que sur ceux des personnes que je côtoie. Ils représentent la sève de mes succès futurs et des leurs, qui prennent leur source au niveau de l'être. Et je vais remarquer facilement que, dès que je les utilise, je suis tout naturellement comblé, donc performant.

Un pont se crée tout simplement entre mes qualités et le fait d'aimer ce que je fais. Plus je me concentre sur elles, plus je les développe, plus ma confiance en moi augmente, plus j'ose le changement et plus j'atteins mes objectifs efficacement et facilement. En même temps, tout naturellement, mes maillons faibles diminuent, car je suis animé d'une forte motivation, et donc de l'attention pure qui produit le succès.

À chacun de choisir…

Je prends 15 précieuses minutes afin de déterminer clairement quelles sont mes qualités propres. Ensuite, j'utilise chaque jour l'une d'elles au cœur de toutes mes activités. Je prends conscience que celle-ci m'aura permis d'optimiser simplement l'impact de ma journée.

Voilà les talents véritables de l'Athlète de la Vie, ceux qui le propulsent naturellement à concrétiser ses objectifs dans la joie !

« On qualifie d'impossibles les choses que l'on n'a pas envie de faire. »

MIKE HORN

« Mon corps est à tout instant mon plus fidèle allié ! »

Combien de personnes ne passent-elles pas l'essentiel de leur temps à la conquête de succès matériels et à chercher une approbation, fallacieuse bien sûr, de leur réussite ? Sur ce chemin parsemé d'embûches et de désillusions, une infime attention est consacrée à prendre soin de leur santé physique. Et combien d'entre elles, ayant finalement atteint le succès matériel, investissent ensuite toute leur richesse dans une démarche vitale au service de leur santé ? Nous connaissons tous la caricature, ô combien révélatrice, montrant ces gens consacrer nombre d'heures à satisfaire les « besoins vitaux » de leur véhicule, alors qu'ils font totalement abstraction de ces mêmes besoins, s'agissant de leur propre vitalité.

Mon corps est à tout instant mon plus fidèle allié. Pourtant, je ne consacre qu'une infime partie de mon temps à prendre soin de lui, à être gentil avec moi-même. Je le maltraite dans un combat quotidien tenace, dont le seul but est invariablement de régler les problèmes qui se présentent autour de moi. Plus le temps de manger, de bouger, de m'hydrater, de respirer avec tranquillité, de ressentir, de contempler, de jouir … je passe mon temps à satisfaire l'obligation de ***paraître***, qui m'éloigne définitivement du bonheur d'être tout simplement qui je suis.

En tant qu'Athlète de la Vie, j'ai compris qu'il était de la plus haute importance de me simplifier radicalement l'existence en me réconciliant avec la sagesse de mon Corps Ami. En effet, s'il se rebelle, c'est dans la seule intention de me permettre à nouveau de vibrer de vitalité. Dans ce but, je décide de m'octroyer très régulièrement du temps pour régénérer mon énergie.

En sachant qu'une semaine offre 168 heures, la sagesse préconise d'octroyer un minimum de 7 heures à des activités physiques. Je ne peux oublier que mon corps représente ma principale habitation ici-bas et que tout objectif, aussi important et bien-fondé soit-il, sera réduit à néant si ma santé me lâche. Conscient de cela, je décide de ne jamais manquer ce rendez-vous avec moi-même.

Vivre, c'est avant tout ressentir mon épiderme vibrer de bien-être. Quelle joie inégalable que de créer une communication harmonieuse avec mon organisme, de mieux le comprendre, afin de répondre à ses demandes ! Je dois prendre conscience que le spécialiste privilégié de ma vitalité, c'est moi-même. Qui pourrait mieux que moi, en effet, ressentir ce qui se passe en moi ?

Je désapprends donc cette attitude erronée qui délègue ma santé au « réparateur », qu'il soit allopathique, homéopathique ou autre… Je comprends que ce n'est pas le traitement qui cicatrise, qui guérit, mais bien le processus naturel qui œuvre au sein de mon corps. Ma seule véritable mission quotidienne se résume donc à cultiver les habitudes nourricières de santé.

Ainsi nourrit sainement, mon système immunitaire gérera de façon optimale les challenges qui lui seront offerts. Pour cela, il est essentiel que je modifie une croyance parfaitement enracinée, selon laquelle la santé n'est pas un état rare et inaccessible. Non, la santé, c'est bien un état naturel !

À chacun de choisir…

Chaque jour, je m'organise un moment pour donner de la vie à mes années. Avec plaisir, le plus souvent possible, je me reconnecte avec ma corporalité : que ce soit en marchant, en position assise ou debout, en buvant, lorsque je sens la fraîcheur ou la chaleur extérieure, je me concentre à vivre pleinement mon ressenti du présent. Je quitte l'agitation de ma tête pour savourer l'expression de tous mes sens. Et je décide sans plus attendre, de consacrer chaque jour un peu de mon temps à pratiquer une activité corporelle de mon choix.

Voilà la véritable responsabilité de l'Athlète de la Vie. Car avec un corps éreinté, tout devient alors difficile !

« L'homme qui a le plus vécu n'est pas celui qui a compté le plus d'années, mais celui qui a le plus senti la vie. »

Jean-Jacques Rousseau

« Est-ce que cette aventure fait vibrer mon cœur ? »

Une des facultés humaines les plus développées réside malencontreusement dans le fait d'hésiter. Bien trop souvent, l'hésitation anesthésie une grande partie des projets de vie, qui au départ semblaient des plus attrayants et des plus stimulants. Dès son apparition, elle invite autour d'elles ses multiples hôtes appelés « questions ». Il n'y a aucun problème à se poser des questions, bien au contraire, car celles-ci permettent d'élever notre niveau de conscience.

Par contre, toute phase de questionnement se doit d'être suivie par une mise en action des décisions prises, sinon c'est l'enfermement dans la cellule de l'hésitation, avec pour unique conséquence la production pléthorique de nouvelles interrogations...

Combien de temps ai-je perdu au cours de ma vie à me demander quel chemin prendre, ou si celui sur lequel je marchais était le bon ? Autant d'interrogations qui ne produisent qu'une énorme perte d'énergie.

Pourquoi ne pas m'inspirer de la sagesse des alpinistes ? Quel que soit leur objectif, ils ont la possibilité d'emprunter différents tracés pour arriver au sommet : il existe des voies plus faciles, mais plus longues, d'autres plus difficiles, mais plus courtes. Aucune d'elles n'est erronée, chacune renferme sa propre raison d'être, qui se manifeste dès lors qu'elle a été choisie.

La seule chose qui compte pour tout aventurier, c'est de jouir du chemin emprunté, quel qu'il soit, le tracé choisi n'ayant en lui-même aucune espèce d'importance. Où que je me trouve à l'heure actuelle, c'est un chemin. La seule chose qui importe se résume à prendre du plaisir sur celui-ci. Et l'illusion dans laquelle chacun se fourvoie, c'est de croire que la cause de sa joie ou de sa déprime réside dans des contingences extérieures. Grâce à la maîtrise de mon attitude, je peux transformer toute galère en voyage initiatique passionnant. Mais aussi transformer toute aventure paradisiaque en la plus ennuyeuse des expériences !

La question que tout Athlète de la Vie a donc l'audace de se poser un jour se résume à : « *Est-ce que cette aventure fait vibrer mon cœur ?* » En posant la question, la réponse jaillit d'elle-même. Si je ressens aujourd'hui du plaisir à marcher sur mon chemin, je sais que celui-ci est juste pour moi. J'avance avec joie, sans me soucier de mon passé.

Si je chemine au contraire avec le cœur lourd, je sais que cette attitude, cette démarche, ont la capacité de me détruire. Je décide dès lors de trouver à cette situation une réponse créative, et ce défi va renforcer ma maîtrise personnelle. À moins que ce ne soit le moment d'arpenter enfin un autre chemin, celui qui a du cœur pour moi. Tout change constamment, la seule certitude que je puisse avoir est bien celle-là !

À chacun de choisir…

Chaque jour à nouveau, je m'enthousiasme à l'idée que j'ai le privilège de décider si mon chemin est le bon. Porté par ce choix audacieux, j'aborde alors toutes mes activités, animé par ce bonheur d'être en tout temps libre en mon cœur. Tout devient si aisé pour celle ou celui qui marche avec joie !

Voilà le chemin juste et excitant de tout Athlète de la Vie !

« Une quête commence toujours par la chance du débutant et s'achève toujours par l'épreuve du conquérant. »

Paulo Coehlo

« Penser différemment, m'exprimer différemment et agir différemment ! »

Combien de journées s'enchaînent irrémédiablement, au fil desquelles je traverse mon existence en parfaite inconscience, répétant à l'infini des comportements dont les apports positifs pour ma vie sont des plus douteux. Un épais brouillard obscurcit la perception de ce qui m'arrive, et je ne fais que m'imposer de nouvelles contraintes, alors que j'éprouve l'illusion d'alléger mon existence…

Dans mon quotidien d'Athlète de la Vie survient pourtant un beau matin un moment merveilleux ! Il se manifeste sous la forme d'un désir ardent de ne plus subir mon mental, réglé sur une longueur d'onde inadéquate, et de l'utiliser au service de mon propre bien-être. Autrement dit, je deviens enfin **conscient** d'un élément essentiel : en voulant perpétuellement modifier dans mon environnement des éléments que j'imagine être source de mes problèmes, je mène un combat perdu d'avance. Dès aujourd'hui, je vais lui substituer l'exploration énergisante d'un nouvel espace libérateur !

Je sais parfaitement qu'un résultat informatique décevant est causé par les éléments d'une programmation déficiente, et non par l'ordinateur lui-même. De même, les résultats indésirables que j'obtiens dans ma vie ne sont pas causés par mon mental lui-même, mais bien par les éléments qui s'y trouvent enregistrés. C'est donc ma programmation, c'est-à-dire la façon dont je m'y prends pour faire les choses (stratégies), qui doit être modifiée. Mon mental n'est en fait en aucun cas le problème. Il représente un outil des plus précieux s'il est utilisé en pleine conscience et avec les bonnes programmations. L'important réside donc avant tout dans la qualité de ce qu'il contient !

Comment en effet envisager que ma vie se transforme en un eldorado de bien-être et de bonnes surprises, si je m'obstine à répéter les stratégies qui fonctionnent parfaitement pour créer le chaos dans mon quotidien, dans mes relations ou dans ma relation avec mon corps et ma vitalité ? Une seule perspective par conséquent : effectuer un changement en profondeur de ce type de stratégies, penser différemment, m'exprimer différemment et agir différemment, voilà le labeur enthousiaste auquel je veux désormais me consacrer !

Par exemple, *faire tout de suite* m'évitera l'accumulation de retards multiples, qui envahiront mon esprit et pomperont mon énergie… Effectuer une saine mise au point envers un tiers permettra d'échapper à une situation délicate, voire pénible… Renoncer à une habitude inutilement dispendieuse permettra tel ou tel achat envié… M'octroyer une marche vivifiante chaque matin permettra à mon corps et à mon esprit de commencer la journée parfaitement oxygéné… Prendre le temps de rire un peu de moi-même permettra aux autres de profiter de ma bonne humeur contagieuse, etc.

À chacun de choisir…

J'observe une situation qui se produit régulièrement dans ma vie et ne me convient pas. J'identifie la façon dont je m'y prends pour la provoquer et à quel stade mon comportement doit être modifié. Je m'y emploie alors systématiquement avec grand plaisir, afin de donner naissance au résultat satisfaisant. J'observe les changements gratifiants qui en résultent et le surcroît d'énergie qu'ils me procurent.

Voilà comment le chemin de l'Athlète de la Vie se transforme en une aventure passionnante et exaltante !

« La solution du problème que tu vois dans la vie, c'est une manière de vivre qui fasse disparaître le problème. »

LUDWIG WITTGENSTEIN

« *Devenir "cultivateur de silence"!* »

Je ne prends souvent même plus conscience que je vis au sein d'un monde dans lequel le bruit règne en parfait dictateur. Bavardages intempestifs, cris, avertisseurs et alarmes de toutes sortes, voitures, avions, radio, télévision, portables tintinnabulant, violence… la culture du bruit résonne partout! Et, comme si cela ne suffisait pas, à l'intérieur de ma tête retentissent des régiments de soucis, scénarios sombres, voix intérieures menaçantes… Suis-je un instant conscient de l'impact stressant, perturbateur et aliénant d'une vie permanente au sein de ce brouhaha monstrueux?

En tant qu'Athlète de la Vie, je décide, au milieu de ce tintamarre insupportable et dangereux…, de cultiver le SILENCE, qu'il me faut tout d'abord apprivoiser… Le moyen privilégié pour cela est de prendre avant tout conscience que je me « bombarde », comme tous mes congénères, d'environ 60 000 pensées par jour. Celles-ci résonnent trop souvent avec une fureur bien particulière au fond de ma tête. La porte d'accès au silence passe avant tout par une paix de l'esprit qui n'est accessible, ironique paradoxe, que par le ressenti corporel. Mon corps, en effet, évolue toujours « ici et maintenant », un univers éternel et privilégié qui m'est accessible à tout moment, si je le choisis…

Le seul moyen pour ce faire est de *m'ancrer*, en ce lieu et à cet instant précis, ce qui me permettra de rebâtir ma vie sainement. Bien enraciné dans ma chair, j'observe avec étonnement qu'entre chaque pensée réside un espace de silence immaculé. Comme me le montre la richesse de la musique, celle-ci peut s'exprimer grâce à cet espace-temps silencieux qui vit entre chaque note et qui permet à la symphonie d'exister, en lieu et place d'un monocorde alignement de notes.

Je m'inspire de cette sagesse, afin de pouvoir jouer avec grâce ma musique intérieure.

Pour optimiser cette symphonie du cœur, je diminue, pour ce qui dépend de moi, toutes les nuisances sonores. Je ne rate pas une occasion de me reconnecter avec la nature prodigue de bienfaits. Dès que je suis seul, en voiture ou en quelque lieu que ce soit, j'ose la rencontre avec moi-même, qui se loge dans les profondeurs du silence, et je ne mets plus, par réflexe, un fond sonore quelconque…

Dans cet espace vierge retrouvé, je peux tout naturellement laisser l'agitation de mes pensées se calmer, en les observant, détaché, comme des nuages sombres qui défilent dans le ciel. Et, spontanément, je laisse à mon intériorité l'occasion de s'exprimer tout simplement par les voies de l'intuition.

Quel que soit le lieu ou le moment, je deviens ainsi un « cultivateur du silence », reconstruisant ainsi mon pouvoir personnel, et préservant mon intégrité physique et mentale.

À chacun de choisir…

Chaque jour, je m'organise un moment de confrontation avec moi-même, en cultivant le silence autour de moi et en moi. Que ce soit au contact de la nature ou dans la solitude de ma chambre, de mon bureau, ayant pris soin de dévier le téléphone ou d'avertir de ce besoin d'isolement, je goûte à ces précieuses minutes de ressourcement.

Voilà comment la symphonie de l'Athlète de la Vie résonne à chaque instant malgré le brouhaha extérieur !

« Les notes, je ne les manipule pas mieux que de nombreux pianistes. Mais les pauses entre les notes : tout l'art est là ! »

ARTHUR SCHNABEL

« Le *faire* ne remplacera jamais *l'être* ! »

Quotidiennement, je dilapide de nombreux et précieux moments à courir après des chimères, sans trop bien savoir le pourquoi de cette frénésie contemporaine. Ce comportement maladif et destructeur ne fait qu'imprimer encore un peu plus fort ce sentiment d'insécurité au fond de moi. Et ceci me propulse un peu plus loin au sein de ma solitude… Il me faut pourtant revenir à une pensée fondamentale, à laquelle je me dois de donner toujours plus de place dans ma vie : quels que soient mes objectifs, et dans n'importe quel domaine, il existe une cause plus grande que la seule satisfaction de mon ego.

Cette démarche implique que je prenne un certain recul par rapport à mes activités professionnelles et personnelles, dans le but de (re)découvrir que, sans Amour, tout perd son sens. Les moments importants et féconds de tout Athlète de la Vie dépassent ses simples réussites personnelles et trouvent leur source dans le partage, l'intimité, la complicité, l'abandon…

Le **faire** ne remplacera jamais l'**être** et, seul, je ne peux que m'égarer. Il est indispensable de quitter cet esprit égoïstement prédateur et boulimique, qui me conduit à désirer toujours plus de choses, sans pour autant que mes envies soient satisfaites. L'**avoir** ne peut jamais vaincre cette famine qui sourd dans le cœur de celui ou celle qui s'affaire avec obstination. Je réalise l'importance vitale qu'il y a à quitter au plus vite cette autoroute du mal-être, sur laquelle ne roulent que des forcenés, et à sens unique, si je ne veux pas définitivement imploser.

Une journée offre le même nombre d'heures à chacun. Pour enfin m'extraire de cette impasse, je m'engage par conséquent à consacrer du temps aux personnes qui sont importantes pour moi, à oser me livrer, me donner… J'ai l'audace de m'aventurer à nouveau sur les avenues de l'intimité, des sentiments et du partage. Pénétrer dans ce temple de la vulnérabilité représente le plus puissant des courages. Il me reconnecte avec mon état naturel *d'être humain* et non de *faire humain.*

En effet, le monde de demain appartient à ceux qui s'appuient sur le paradigme de l'Amour, qui bâtissent par la coopération et non plus sur une vision étriquée d'un monde mécanique. Même si nous ne pouvons pas le prouver, le mesurer, les sentiments envers l'être aimé existent bel et bien. Qui est déjà tombé amoureux de sa machine à café… ?

J'emprunte le chemin des sentiments, devenant ainsi un véritable « catalyseur de bonheur », je vais alors découvrir, non sans surprise, que mes réalisations professionnelles en découleront, comme tout ce qui coule de source, pour se mettre en place tout naturellement.

À chacun de choisir…

Je réapprends, dans ma vie personnelle et familiale, à être complètement présent à ceux qui m'entourent. Cette attitude d'authenticité va peu à peu spontanément se diffuser et imprégner l'ensemble de mes relations. Pour cela, je nourris quotidiennement une relation nouvelle avec moi-même, basée sur l'amour de soi et la tolérance, plutôt que l'autocritique confinant à l'autodémolition. Et tout naturellement, je rayonne ensuite cet état d'être avec naturel autour de moi…

« La plus importante chose que peut réaliser un père pour ses enfants, c'est d'aimer leur mère. »

Auteur inconnu

« "L'extra-ordinaire" est déjà présent et l'a toujours été ! »

Baignant sans cesse dans une société qui pousse chacun à consommer avec frénésie pour se sentir comblé, l'individu ne saurait tarder à éprouver un mal-être contemporain, dont cette atmosphère a été le berceau. Ce brouillard émotionnel m'entraîne malgré moi dans la recherche d'une boulimie plus ou moins prononcées d'acquisitions, qu'elles soient matérielles, humaines, sociales ou encore une soif inassouvie de connaissances…, le tout pour un réconfort bien maigre.

Il est indéniable en effet que, durant mon existence, un sentiment de manque m'a souvent imprégné, comme tant d'autres personnes ! Et moi, très rationnel, à l'épreuve de ce sentiment, comme embourbé dans les ornières de mes limitations, j'attendais une solution « extra-ordinaire » pour en sortir, que ce soit dans le cadre de mon travail, de mon activité sportive, de ma vie privée… Toujours, lorsque les vents soufflaient en sens contraire de mes attentes, la peur de manquer ne faisait que gronder plus fort…

Alors, s'engageait un âpre combat pour « survivre », combat émaillé, dans les moments les plus obscurs, d'une attente prononcée d'un quelconque résultat, attente pourtant bien empreinte d'incrédulité… avec pour corollaire le renforcement constant de cette croyance, selon laquelle ma mission est de remédier sans cesse, à la sueur de mon front, à tout ce qui m'apparaît « dysfonctionner » autour de moi.

L'Athlète de la Vie, lui, a compris et intégré ce principe vital : il ne manque de rien ! « L'extra-ordinaire » est déjà présent et l'a toujours été. Tout est une question d'interprétation. Il se focalise sur ce qu'il est et ce qu'il a, toujours ! C'est là que réside son véritable pouvoir personnel.

Soit je porte mon attention sur le manque et je lutte pour survivre, soit j'apprécie ce qui est avec gratitude et je vis dans l'abondance. Je m'autorise donc bel et bien à me laisser porter dans le sens du courant, avec plaisir, plutôt que de vouloir obstinément nager à contre-courant.

À chacun de choisir…

Tout au long de ma journée, je m'entraîne à focaliser mon attention sur la richesse de ce que je suis et de ce que je possède déjà. Grâce à cela, je cultive « ici et maintenant » ce sentiment de puissance et de richesse. L'« extra-ordinaire » devient mon terrain de jeu quotidien, j'ai accès à cette source inépuisable de possibilités.

« Le vrai miracle n'est pas de marcher sur l'eau ou de marcher dans l'air, mais simplement de marcher sur cette terre. »

THICH NHAT HANH

« Une sensation intérieure de confiance inébranlable ! »

Il est fréquent qu'une situation, ou les propos d'une tierce personne, provoquent en moi un sentiment de refus, de rejet, de résistance… Il est souverain de faire de ces circonstances autant d'opportunités pour m'aventurer sur une voie nouvelle, celle de la non-résistance, de l'abandon. Dans la réaction traditionnelle, en effet, je brûle de l'énergie pour infléchir l'issue dans la direction que je considère comme « juste ». J'engage ainsi un « combat contre », généré en fait par un sentiment de crainte, oubliant l'adage selon lequel la peur n'est jamais bonne conseillère.

Je réapprends donc à « m'investir pour » retrouver immédiatement l'harmonie, et j'en fais un réflexe. Je n'attends plus une illusoire victoire, dont la satisfaction sera fugace, puisque se présentera rapidement l'angoisse de perdre l'avantage acquis. Le véritable but n'est donc pas d'avoir raison, mais de toujours comprendre ce qui est vrai. Le seul succès que je puisse désirer, c'est d'avoir cette capacité de vaincre en moi ce sentiment de malaise, en lui superposant progressivement une sensation intérieure de confiance inébranlable, quel que soit le contexte…

L'Athlète de la Vie que je suis mène le bon combat, celui qui a lieu à l'intérieur de lui-même. Là où se présente la dureté, j'opte pour la douceur ; là où s'offre la rigidité, je choisis la souplesse ; là où paraît le doute, je regarde en confiance. Je deviens sans relâche l'artisan de ma sérénité, en toute circonstance. Je vis ma vie avec la simplicité la plus authentique : ce qui est simple a toujours été juste !

À chacun de choisir…

Chaque fois qu'une nouvelle situation se présente, je m'applique à lâcher prise. Je reste conscient que, dans la confusion, il m'est impossible de déterminer clairement une solution. Je m'impose donc l'unique obligation suivante : dissoudre cette confusion par le pouvoir extraordinaire de profondes expirations, qui vont me permettre, avec fluidité et douceur, de devenir force de solutions.

« Qui triomphe de lui-même possède la force. »

Lao-tseu

« Accepter ce qui est “ici et maintenant” ! »

Alors que tout se déroule plutôt harmonieusement dans ma vie quotidienne, j'éprouve de temps à autre le sentiment que cette légèreté, présente et bien agréable, ne va pas durer… Et, évidemment, un beau jour, la résistance envahit à nouveau mon quotidien. Comme sous l'emprise soudaine d'une irrésistible avalanche, je me retrouve malmené de tous côtés, avec la peur panique de ne jamais pouvoir m'extraire de ce guêpier.

En effet, au moment le moins approprié, par exemple lors d'une charge de travail accrue, voici que je ressens soudainement un mal de dos, un rhume ou un état grippal, un mal de tête qui martèle… ou d'autres manifestations encore…

Et voilà que se rouvre le bal de mes pensées obscures et limitatives, qui plombent définitivement l'atmosphère, dramatisant la situation présente. Ceci achève de dilapider mon capital énergétique, déjà bien mis à mal par mes tourments physiques.

Je décide alors de me servir de ces moments pesants pour m'offrir l'audace de modifier mon comportement réactif habituel. L'Athlète de la Vie connaît une seule voie saine, il a conscience d'un seul besoin vital : accepter ce qui est « ici et maintenant » !

En pleine conscience, je cesse donc de galvauder mon énergie, et, au contraire, en épousant la situation présente, je m'offre la possibilité supérieure de renforcer ma vitalité, au service de ma guérison. J'ai la saine audace de donner priorité au besoin de retrouver une saine vitalité. Pour cela, je prends le temps de m'arrêter, de quitter cette course frénétique, véritable hyperactivité mentale, ces agitations diverses qui me mènent droit dans le mur.. Je remplace mon scénario obscur par des pensées porteuses de calme, de vitalité et d'enthousiasme retrouvés. Et, comme par magie, grâce à ce réalignement porteur *dans le bon sens*, malgré l'adversité qui s'est présentée, je deviens capable de fonctionner en respectant mon environnement personnel, pour gérer au mieux les circonstances qui se présentent.

Enrichi par cette nouvelle expérience, je décide ensuite de préserver chaque jour un espace dédié au soin de ma vitalité. En effet, comment mener à bien mes tâches quotidiennes si je suis dans l'obligation d'être alité ?

À chacun de choisir…

Je réapprends, au cœur de toute période aux couleurs obscures, à être plus gentil avec moi-même. « Ce qui est, est ! » À moi de ne pas me battre contre, afin de ne pas amplifier le problème. À moi d'aller dans le sens des événements. Ainsi, je regagne l'énergie qui m'est indispensable pour *réinventer* l'évolution des circonstances.

« Si tu prends le monde comme il vient,
il te prendra doucement. »

PROVERBE IRLANDAIS

« La joie représente le chemin ! »

La joie représente le chemin. Vibrer de celle-ci est la mission de tout Athlète de la Vie, quels que soient sa tâche, son âge, sa culture, son sexe, sa tâche, ses ambitions... Une fois la simplicité ancrée en mon cœur, celle de ma vie quotidienne devient évidente : soit je suis de bonne humeur, soit je suis de mauvaise humeur. Tout est là, voilà la définition la plus claire et précise que l'on puisse donner de l'intelligence émotionnelle !

Or, tout ce que l'on m'a inculqué me pousse à vouloir sans cesse modifier ce qui se passe autour de moi, afin que ces conditions extérieures se conforment à mes attentes, ce qui permettrait, selon ce scénario péremptoire, d'atteindre l'état de la satisfaction... Sur cette base, il me semble donc tout naturel d'investir frénétiquement mon temps à vouloir régler tout ce qui m'entoure et qui n'est pas conforme à ce que je désire. En conséquence, mon mode de vie se résume à « je dois » ou « il faut » régler, encore régler, toujours régler...

Pourtant, à l'aune de ces « je dois » et « il faut », la joie ne peut être qu'absente, cédant tout l'espace à la frustration, au manque et à la jalousie. Ces sentiments ouvrent grand, immanquablement et très rapidement, la porte à leur suzeraine : la peur ! Et c'est cette peur qui va me pousser à un surcroît de frénétiques efforts, dans le but de vouloir modifier et remodeler des circonstances non satisfaisantes. Et me revoici enfourchant, tel un forcené grimaçant, le destrier du « dépanneur », repartant tel Don Quichotte, mais sans y croire au fond, à l'assaut des « réglages » à effectuer...

Bien sûr, tout cela n'est qu'une pure hérésie. Cela ne fonctionne pas ainsi, et ne fonctionnera d'ailleurs jamais ainsi. Dans un tel état d'esprit, je bricole ma vie, sans aucun génie, car mes actions sont alimentées par l'aigreur de l'insatisfaction. Le véritable défi qui m'est offert aujourd'hui est de focaliser mon attention à cultiver intérieurement une sensation joyeuse, avant tout.

Faute d'un sourire illuminant mon visage, je génère autour de moi des relations viciées. Sourire, d'un sourire naissant au plus profond de soi, génère toutes les possibilités. Être grincheux et maussade repousse les opportunités quelles qu'elles soient, toujours. Qui donc est déjà tombé amoureux de quelqu'un qui fait la tête ? L'Athlète de la Vie vit sa vie joyeusement et voilà pourquoi la vie lui sourit…

À chacun de choisir…

Lors de mes prochaines journées, je me simplifie résolument la vie, avec pour seul objectif de déterminer si je suis de bonne ou de mauvaise humeur. Dans le second cas, j'arrête de porter mon attention sur les conditions extérieures qui m'influencent et me concentre à faire naître sur mon visage un sourire sincère, tout en levant le regard vers le haut pendant une quinzaine de secondes. L'étincelle de la bonne humeur jaillira tout naturellement !

**« *Je pratique l'art de vivre :*
ma vie est mon œuvre d'art. »**

Suzuki

« *Me fabriquer des "préoccupations positives"!* »

Il ne me faut que 17 secondes (et même un peu moins selon certaines approches), concentrées sur un certain type de sentiments, qu'ils soient agréables ou désagréables, pour à mon tour émettre vers l'extérieur des fréquences émotionnelles vibratoires de même niveau. L'état de « victime émotionnelle » peut ainsi se définir dans le fait de rester inconsciemment prisonnier d'habitudes de comportements résultant de pensées focalisées pendant ce laps de temps sur un univers d'inquiétudes, de soucis, de peurs…

Je crée alors un amalgame vibratoire orienté sur le manque, qui amplifie un « charisme aberrant », qui attire vers moi des désagréments croissants. Combien de fois me suis-je surpris, sur mon lieu de travail par exemple, à ruminer malgré moi un problème pendant cette fameuse quinzaine de secondes ou un peu plus… puis, au terme de ce laps de temps, si court mais semblant une éternité, accueillir un autre problème, démontrant le bien-fondé du problème précédent. Ce faisant, je mine inconsciemment mon intégrité énergétique…

Et d'autres problèmes viendront, tels les maillons d'une chaîne, me démontrer que j'ai totalement raison dans cette orientation de pensée, et que cet amas de problèmes est bien factuel et réel. Ainsi perturbé émotionnellement, il n'est pas étonnant que je me précipite vers la machine à café, afin de me *rebooster*, puisque mon énergie est en chute libre… et là, *comme par hasard*, je rencontrerai un collègue « ruminant », qui ajoutera des exemples concrets démontrant que, décidément, tout va de plus en plus mal dans cette entreprise ! Mes sombres certitudes s'en trouveront ainsi renforcées…

Et ce scénario rocambolesque, mais tellement réel, va continuer de s'intensifier, par tranches de 17 secondes, puis matérialiser concrètement des désagréments concrets, au bout d'une minute trente environ. Oui, plus le temps passe et plus le malaise grandit, les confirmations et les preuves s'amoncellent… tout le monde confirme ce qui ne va pas ! « Au royaume des aveugles, les aveugles sont rois. » Mais bien sûr que tout ceci n'est que pure fiction, et tout fait réel ressemblant, dans telle ou telle entreprise contemporaine, ne serait que pure coïncidence !

Nombre de sociétés investissent des sommes astronomiques pour se protéger des virus informatiques, mais restent ainsi totalement inconscientes des coûts dévastateurs des « virus émotionnels » qui se développent à foison en leur sein.

L'Athlète de la Vie, lui, utilise l'intelligence de ses émotions pour se fabriquer des préoccupations positives, ce qui revient à bâtir continuellement des scénarios heureux. Il s'entraîne à porter son attention durant 17 secondes sur des pensées saines, pour pouvoir enclencher des vibrations émotionnelles d'abondance. Cette pensée focalisée attire alors vers elle une autre pensée du même type vibratoire, renforçant ensemble la puissance dégagée. De plus, en maintenant durant une minute environ cette qualité d'attention sur son scénario gagnant, il va donner à son « moteur émotionnel » la faculté d'amplifier encore ces vibrations et de les rendre matériellement perceptibles autour de lui. Il rayonne ainsi d'un charisme proactif, qui génère encore davantage de circonstances favorables… Eh oui, le charisme se cultive et s'explique rationnellement.

À chacun de choisir…

Je cultive la proactivité en permanence dans mon quotidien, en consacrant des moments à me créer des préoccupations positives. J'apprends ainsi à focaliser mon attention pendant 17 secondes, et de plus en plus longtemps, sur des images porteuses de joie, afin d'émettre autour de moi des vibrations émotionnelles agréables.

« Le bonheur s'apprend et se cultive comme on apprend à lire, à faire du vélo ou jouer du piano. Pourquoi ne ferait-on pas de gammes d'altruisme comme on fait des gammes au piano ? »

MATTHIEU RICARD

« *Simple, facile, rapide et joyeux !* »

La croyance de base dont j'ai hérité est que, pour concrétiser tout objectif qui me tient tout particulièrement à cœur, il est impératif d'emprunter un chemin qui se révélera compliqué, difficile, interminable et plein de sacrifices, donc de frustrations. Dans ce contexte, il semble impossible de pouvoir matérialiser un quelconque objectif sans devenir un martyr qui se doit de suer corps et âme, sans jamais se plaindre de quoi que ce soit d'ailleurs, sur le chemin de la conquête de son but. La souffrance, la frustration, le conflit, l'opposition, la trahison, la jalousie… semblent devoir faire partie de la panoplie moderne de celui qui a l'audace de désirer concrétiser quelque chose au sein de sa vie. La fameuse expression « pas de gain sans douleur » prend toute sa place dans ce cadre désuet et dépassé, qui pourtant est encore si profondément ancré dans la psyché contemporaine.

En tant qu'Athlète de la Vie, je me libère de cette vision qui barre la route à la joie, au plaisir, et donc à l'efficacité. Pour cela, je choisis, comme base de référence, la nature et ses principes universels qui me démontrent sans faille que toute création est animée avant tout par une manière d'être qui trouve sa source dans ce terme si oublié de nos jours : « naturel », précisément !

Dans tous les phénomènes d'éclosion et de croissance, une seule constante doit régner : laisser faire, lâcher prise, conserver la certitude que tout va se passer harmonieusement, au bon moment. Une règle d'or donc : ne jamais forcer, ne jamais vouloir accélérer une croissance, faute d'en subir ensuite les conséquences fâcheuses.

Pour cultiver une croissance, je me dois de toujours posséder une vision holistique, et surtout, la respecter. Quel que soit l'objet de mon désir, je décide d'admettre sans aucune réserve le postulat suivant : le chemin du succès est parsemé d'actions simples plutôt que compliquées, qui se mènent avec grande facilité, et non dans la difficulté, qui s'effectuent rapidement, bien mieux que laborieusement, et se vivent dans la joie créatrice, plutôt que dans la frustration stérile.

L'important est le chemin. Le fait d'entreprendre dans un état d'esprit simple, facile, rapide et joyeux provoque la moindre résistance, ce qui me propulse tout naturellement au cœur de ma cible. Voilà où réside le véritable pouvoir de l'Athlète de la Vie : il s'inspire des lois naturelles pour accomplir ce qu'il a décidé de réaliser avec « écologie ». Le succès devient alors la conséquence naturelle de cette attitude créatrice !

À chacun de choisir…

Je m'entraîne à aborder mes activités quotidiennes en respectant la « boussole écologique » de l'Athlète de la Vie : je remplace les croyances surannées que j'ai vis-à-vis de la réussite par une attitude dans laquelle dominent le *simple*, le *facile*, le *rapide* et le *joyeux* ! Mes actions vibrent à l'intérieur et rayonnent autour de moi d'harmonie et d'écologie !

« Il ne t'est jamais donné un désir sans que te soit donnée la possibilité de le réaliser. »

RICHARD BACH

« *Tout est bien qui finit bien !* »

Bien trop souvent, j'obscurcis l'horizon de ma vie par une façon de penser, de parler et d'agir focalisée sur le manque. Et, comme par hasard, celui-ci s'amplifie chaque jour plus intensément et m'emprisonne davantage. Il est crucial pour moi de demeurer conscient que je me trouve en plein cœur d'un champ de bataille, dans lequel je suis en permanence bombardé, par le biais d'une soi-disant communication, d'informations et de publicités, de tout ce qui ferait défaut à mon existence, à ce jour, pour pouvoir enfin être heureux !

Il semble devenu pure logique de consacrer mon temps, où que je sois, à relever dans les différents domaines de ma vie tout ce qui me manque et qui m'empêche de pouvoir jouir instantanément de mon existence. Le syndrome du « un jour, je... » est né et prend toute la place, aveuglément et égoïstement.

Partout, en effet, on se consacre à relever scrupuleusement ce qui manque, que ce soit à l'école, où l'on met avant tout en lumière les erreurs plutôt que ce qui a été bien réalisé et acquis ; que ce soit en entreprise ou dans le milieu sportif, où l'on analyse dans les moindres détails ce qui fait défaut à un collaborateur ou à une équipe, au lieu de mettre au grand jour les qualités, les talents, sur lesquels nous pouvons compter et investir ; que ce soit encore dans la relation de couple, où l'on recherche à réduire les conflits, en lieu et place de cultiver plus fort les terres d'affinités ; ou bien dans une certaine approche médicale, où l'on s'obstine à détecter les moindres déséquilibres physiologiques, oubliant de renforcer le terrain naturel nourricier d'une santé prospère...

Comme le soulignait William Shakespeare dans *Tout est bien qui finit bien* : « Nos remèdes sont au fond de nous-mêmes », d'où l'extrême importance de se focaliser sur les plus et non sur les moins.

En tant qu'Athlète de la Vie, je décide donc de quitter définitivement ces terres de pénurie. Nous avons déjà examiné ce phénomène : cet état de manque trouve sa source dans mon attitude. Pour m'en libérer, il me faut cultiver une manière de penser, de parler et d'agir axée sur la **prospérité**. À cette fin, je concentre mon attention sur mes qualités, et non plus sur mes défauts, sur mes rêves au lieu des regrets, sur ce qui fonctionne dans ma vie, plutôt que sur ce qui ne me réussit pas, sur ce qui nourrit ma vitalité, et non sur ce qui me fatigue, sur la joie au lieu de la peur...

Dans le même esprit, je vois des opportunités, plutôt que des problèmes, je place mes relations sous le signe de la confiance, et non du doute et de la suspicion, j'admire les visions de ceux qui ont l'audace de bâtir un monde nouveau et humaniste, je me plais à contempler tout ce que la nature nous offre de beau et ses bienfaits, et lâche prise à propos de « tout ce qui ne va pas comme je le voudrais »...

En cultivant, *ici et maintenant*, une attitude focalisée sur l'abondance, je m'offre sans plus attendre l'opportunité de passer d'un monde de frustration à un monde de bonheur, qui devient générateur d'énergie.

À chacun de choisir...

Je prends quelques minutes chaque matin pour réaliser un inventaire de *ce que je suis* (mes qualités) et de ce que j'ai déjà atteint, au lieu de commencer ma journée obnubilé par ce qui manque dans ma vie. Ce sont les premiers coups de pinceau qui déterminent la réussite de l'œuvre du peintre et, de la même manière, mes premières pensées du jour dictent mes premières paroles, qui génèrent mes premières actions, donc mes premiers résultats...

« Ne baisse pas les bras, tu risquerais de le faire deux secondes avant le miracle. »

PROVERBE SOUFI

« Quelle extraordinaire journée s'offre à moi ! »

Pourquoi ne pas choisir délibérément l'audace de créer enfin ma propre liberté, de croire véritablement à la matérialisation de mes désirs les plus chers, de vivre grand ma vie ? Quelle noble intention en effet que de désirer enfin matérialiser ce qui est le plus cher à mon cœur ! Attendre, c'est ouvrir la porte à la frustration et aux regrets. Abandonner, c'est tout simplement mourir à ma vie, à qui je suis, à cette flamme qui ne demande qu'à briller plus fort au fond de mes yeux.

Généralement, en réaction par rapport aux situations de mon quotidien, je me laisse facilement entraîner dans une réflexion rationnelle, pour ne pas dire cérébrale, dont le but serait d'éclaircir ces problématiques… Pourtant, nous savons parfaitement que cette démarche est illusoire et totalement stérile. La vie n'est pas concept, elle n'est pas non plus un suractivisme cérébral voué à me transporter sur les terres de l'épuisement.

Comme le disait quelqu'un d'avisé : « Ce qui est "supranasal" est suspect ! » La vie demande à ce que chacun ait l'audace de plonger sans aucune retenue en son sein, pour découvrir enfin qu'elle est là pour le soutenir, chaque instant, dans la quête de ses rêves, toujours ! Pour cela, je dois faire le choix irrévocable de croire en moi, en mes rêves, aux autres, à la vie, croire que tout est là pour me soutenir avec légèreté sur le chemin de ce qui a du cœur pour moi.

À l'opposé, je me précipite avidement, même sans y apporter grand crédit, sur mon horoscope du jour, qu'il soit solaire, lunaire ou plus exotique… Je me mets ainsi en quête de sources de motivation, censées me permettre d'affronter les défis qui m'attendent aujourd'hui. Encore un mirage qui va d'ailleurs s'évanouir dès le journal refermé. Mais attention : si les prévisions sont mitigées, mon élan va s'en trouver ralenti et, bien pire, je risque bien, dans une attitude inconsciente, d'aller à la rencontre des obstacles attendus…

À partir d'aujourd'hui, j'adopte avec ferveur l'attitude de l'Athlète de la Vie, qui, chaque matin, écrit son propre horoscope ! Je décide par moi-même que cette journée sera excellente, prolixe en opportunités et en réalisations. Je m'amuse à amplifier mon enthousiasme en donnant vie au scénario idéal de ma journée. J'imprègne mes milliards de cellules de ces intentions agréables et porteuses, qui génèrent en moi l'état d'esprit permettant de trouver, dans chaque situation, chaque événement, chaque rencontre, un tremplin complice pour réaliser mes objectifs : quelle extraordinaire journée s'offre à moi !

À chacun de choisir…

Durant les sept prochains jours, je prends l'habitude, avec un enthousiasme enfantin créatif, de rédiger mon horoscope, tout à la joie de la journée qui s'annonce. Puis, je savoure intensément les instants privilégiés du petit-déjeuner, en projetant mentalement tous les aspects positifs de cette journée qui m'est désormais promise.

« Fixe-toi sur une étoile, et tu triompheras de toutes les tempêtes. »

LÉONARD DE VINCI

« Et si je décidais de choisir un chemin neuf, ô combien audacieux ? »

Tel Sisyphe, condamné à pousser éternellement son rocher sur la pente d'une montagne et qui retombait toujours avant d'avoir atteint le sommet, je peux souvent me surprendre à vouloir obstinément conformer les circonstances et événements extérieurs à mes attentes. Ceci toujours en vain, bien entendu. Mais pourquoi est-ce que je me livre, jusqu'à en être usé, à ce marathon visant à combler ces attentes que sont une nouvelle maison, un nouveau travail, une nouvelle romance, une nouvelle promotion, ou augmentation ? À cette question fondamentale correspond une réponse on ne peut plus claire : mon but est « d'être bien »..., quelle que soit la cible que je décide d'atteindre.

Ceci étant établi, il me reste à répondre courageusement..., à cette autre question : que m'apporte cet acharnement, jour après jour, heure après heure, à détruire ma vitalité, mon bien-être, pour éprouver ponctuellement le sentiment fugace d'un bonheur, totalement utopique bien sûr, qui serait le fruit de ma future conquête ? La frustration sera bien souvent ma compagne de route tout le long du quotidien.

En effet, si je porte un regard sur mes expériences passées, combien de fois me suis-je surpris à ressentir de la frustration, de la colère, voire de la jalousie, lorsque je ne parvenais pas à conquérir l'objet de mon désir, si vital à mes yeux ? Bien trop souvent à mon goût ! Et combien de fois, bien plus rares, ai-je obtenu le trophée tant désiré et la joie intense en résultant ? Une joie faisant d'ailleurs vite place à des sentiments de peurs, de doutes et d'angoisses, puisqu'il s'agit ensuite de préserver cet acquis si précaire... Cette route est bien peu recommandable...

Et si je décidais de choisir un chemin neuf, ô combien audacieux ? En tant qu'Athlète de la Vie, je quitte définitivement ce chemin sans issue, je me détache de la vision « un jour, je... » pour m'entraîner à cultiver, au cœur du moment présent, un sentiment de plénitude. Je demeure totalement focalisé, quelle que soit ma tâche, à ancrer mon bien-être à l'intérieur de moi, ici et maintenant ! Le moment présent, c'est la terre d'abondance, qui s'offre à moi, mais dont une attitude axée sur le manque me tient irrémédiablement éloigné. Alors qu'en optant pour l'attitude juste, vraie, consistant à me distancer de l'objet de mes désirs, je vais précisément voir, et sans tarder, la Vie m'en gratifier.

À chacun de choisir...

Inlassablement, dans le cadre de mes activités quotidiennes, je fais le choix délibéré de profiter de chaque instant pour cultiver en moi un sentiment de bien-être, détaché de tout ce qui m'entoure. « Être bien » représente dorénavant **mon travail**. Et si je suis performant dans ce domaine, je ne puis qu'être performant dans ma fonction, quelle qu'elle soit.

« Hâte-toi de bien vivre et songe
que chaque jour est à lui seul une vie. »

Sénèque

« *Vivre pleinement mon "aventure"!* »

Pourquoi ne pas concentrer aujourd'hui toute mon attention à vivre pleinement mon aventure, au lieu de vouloir obstinément tout comprendre de ce qui m'arrive ? Il est en effet courant, au sein de notre monde contemporain, cherchant à éviter le risque à tout prix, d'oublier que le fait de vivre vraiment est avant tout une question charnelle, sensitive, physique… élément pourtant crucial.

À beaucoup trop d'égards, j'ai pu ressentir ce profond décalage dans le cadre de mon éducation, puis dans celui de ma vie d'adulte, voulant que l'accent primordial soit mis sur l'ingestion d'un amas de connaissances conceptuelles et stériles. L'absence de l'ingrédient vital, l'expérimentation, est passé aux oubliettes. Si je ne suis pas vigilant, j'ai par conséquent un maximum de risques de vivre ma vie au niveau purement virtuel, dans un univers mental sans aucun éclat, répétitif et ne fonctionnant que par comparaisons.

Pour pouvoir m'extirper de cette « somnolence », qui finit par avoir un air de normalité, de seule réalité concevable, il me faut consacrer toute mon attention, jour après jour, à ressentir toute la puissance qu'offre généreusement toute « expérimentation » en direct. En tant qu'Athlète de la Vie, je décide ainsi de me propulser au cœur de chacune de mes expériences ; j'ose me jeter avec fougue et confiance dans le ressenti de la vie qui coule en mes veines. Je vis et je suis en vie !

La gratitude devient le sentiment naturellement ancré en moi, et chaque instant représente une délicieuse odyssée des sens. À tout vouloir comprendre, analyser, calculer…, je m'emprisonne dans un carcan d'obligations et de contrôles qui aseptisent mon quotidien, le coupant de tout élan vital. Avec le temps, certes, je finis par tout comprendre, mais où est le bonheur de vivre, de jouir tout simplement de la vie, d'entendre mon cœur battre la chamade, vibrant de la liberté d'Être et du bonheur authentique?

N'ai-je pas « en… vie » d'embrasser à nouveau, avec la merveilleuse innocence enfantine, la « curiosité » de l'aventure d'une journée nouvelle, de me délecter de l'univers du non connu, de me lancer passionnément dans le jeu de piste des rencontres fortuites et des événements qui arrivent « par hasard » ?

Un enfant rit spontanément, un adulte organise scrupuleusement. L'un vit, l'autre se protège de ce qui devrait être l'épice de la vie : le nouveau ! Chaque instant est neuf, il n'y a que mon attitude qui s'étiole, victime d'une hérésie : vouloir « devenir quelqu'un de bien ». Alors, j'ose à nouveau arpenter avec jubilation les sentiers inconnus, afin de pouvoir flirter chaque instant avec l'essence même de la vie, le risque ! Dès cet instant nouveau, je m'aventure avec enthousiasme sur cette vague créatrice qui me pousse à quitter mes charentaises, pour les remplacer par cette sensation jouissive de glisser les pieds nus, libre, en direction de mes rêves. Je suis désormais heureux d'être qui je suis et mon métier s'appelle *vivre* !

À chacun de choisir…

Dès les premiers instants du jour, et tout au long de ma journée, chaque fois que je me surprends à vouloir comprendre, analyser, organiser…, je fais le choix de tout simplement **ressentir** mes instants. Je me libère de l'emprise du mental et j'épouse, corps et âme, mes expériences. Frémir de toute ma chair l'instant, la rencontre, la solitude… voilà ma seule tâche noble du jour ! Je « n'attends rien » du moment que je vis, par contre je le savoure avidement !

« La vie se rétrécit ou s'épanouit en fonction de notre audace. »

Anaïs Nin

« Me réconcilier avec moi-même ! »

Comment puis-je envisager de concrétiser mes objectifs, quels qu'ils soient, si mon existence est dénuée d'Amour ? Bien trop souvent, mes « croisades » : ascension sociale, conquête, compétition, acquisition matérielle, look, etc., n'ont d'autre but, plus ou moins dissimulé, que de recevoir l'approbation, l'attention, voire l'envie... d'autrui.

Ceci n'est en fait rien d'autre qu'une forme de compensation à ce manque d'Amour... Ce mot magnifique, qui vibre généreusement dans le cœur de chacun, quels que soient sa culture, son âge, son sexe, ses spécificités, ne réunit pas énormément de suffrages à l'heure actuelle. L'individu qui a l'audace toute naturelle de prononcer ce mot dans les milieux « sérieux » : travail, sport, secteurs médicaux et éducatifs... est quasiment mis au pilori. Dans l'univers des adultes, cette notion magique, à laquelle pourtant chacun aspire, n'est même pas mise entre parenthèses, mais bien totalement occultée des tâches et des agitations quotidiennes. Et pourtant...

L'Athlète de la Vie que je choisis d'être revient, lui, à la source. Et la source, c'est l'Amour ! Sans lui, tout perd son sens, le mal-être s'installe, les conflits grandissent, la séparation d'avec les autres s'accentue. Apprendre à m'aimer, voilà le chemin que je décide d'arpenter au quotidien ! Je ne peux envisager de recevoir de l'amour des personnes qui m'entourent que si je m'en accorde à moi-même, généreusement, chaque instant, dans n'importe quelles circonstances.

Même, et surtout, lorsque ces circonstances semblent négatives, avec cette propension probable à me dévaloriser, il convient d'autant plus que je m'autorise à m'apprécier, tout simplement, pour ce que je suis, à m'aimer « ici et maintenant ».

Élargir l'horizon de nos pensées et de nos croyances, c'est permettre à l'amour de s'écouler librement, largement, c'est nous connecter au monde ! Oser parler d'amour, et le vibrer au quotidien, c'est le meilleur moyen de se projeter tout naturellement vers la matérialisation de ses objectifs professionnels, sportifs, personnels… C'est cela, vivre dans l'Intelligence émotionnelle, l'intelligence du cœur, tellement vitale, y compris dans le milieu professionnel aujourd'hui.

Le choix le plus bouleversant que je puisse faire est donc de me réconcilier enfin avec moi-même, quoi qu'il arrive, de m'aimer sincèrement pour ce que je suis, tout simplement. Alors, ma vie va changer du tout au tout, enfin !

À chacun de choisir…

Quelles que soient les expériences que je vis, je choisis délibérément le chemin de l'Amour envers moi-même. Je n'attends pas d'être aimé pour aimer. Je suis aimant et je suis naturellement aimé en retour. Seule l'action concrète m'offre la vie.

« Nous arrivons toujours à la même conclusion : l'amour est l'énergie la plus puissante de l'univers, et pourtant la plus méconnue. »

PIERRE TEILHARD DE CHARDIN

« L'imagination représente le plus grand pouvoir mis à notre disposition ! »

Albert Einstein a pourtant bien insisté sur le fait que l'imagination représentait le pouvoir le plus puissant mis à notre disposition. Malgré cela, je ne puis que constater, en conscience, l'utilisation désastreuse faite de ce cadeau si précieux. En effet, combien de temps ai-je déjà passé dans ma vie, et combien de temps est-ce que je dilapide encore quotidiennement, comme la plus grande majorité de nos contemporains vivant dans cette société surexcitée, à *m'inquiéter* ! Je ne cesse de porter toute mon attention, c'est-à-dire une énorme quantité d'énergie, du matin au soir, à me *soucier* de ceci, de cela, sans oublier encore ceci…

M'inquiéter est devenue une pratique rituelle, que j'ai peu à peu laissé se transformer en habitude maligne.

Mais au fait, que veut dire exactement *s'inquiéter* ? Cela signifie utiliser le plus grand pouvoir mis à ma disposition, en l'occurrence l'imagination, pour créer dans mon existence ce que je ne veux surtout pas voir se matérialiser.

L'Athlète de la Vie, lui, est parfaitement conscient de la stupidité et du côté destructeur de ce comportement. Voila pourquoi, où qu'il soit, quoi qu'il fasse, il focalise toujours son attention sur *ce qu'il veut*. Souverainement, il utilise son imagination pour nourrir sans cesse sa vision positive, quelles que soient les apparences extérieures. Il croit indubitablement à une issue positive et se consacre à faire chaque chose de son mieux, afin de transformer son rêve en réalité avec une efficacité optimale. Le véritable champion, ou l'entreprise, qui gagne possède cette faculté d'exceller, alors que les résultats sont encore en dessous des attentes. Et c'est précisément lors de ces périodes chaotiques qu'il génère ses succès futurs, car il « ne lâche rien », absolument rien, même lorsqu'il essuie les critiques les plus acerbes.

Lorsque tout va bien, en effet, tout le monde peut être fort dans sa tête. En revanche, lorsque le vent souffle violemment, très peu de personnes ont la faculté de garder la tête haute, parler peu mais agir, de façon déterminée, pour inverser la tendance. Ces personnes ont compris que, lorsque tout semble aller de travers et que le processus de matérialisation d'une issue favorable n'est pas apparent, alors, précisément, les plus magnifiques succès sont sur le point de se concrétiser.

J'ai compris que deux routes se dévoilaient en permanence devant moi, créées par le fait que l'imagination s'avère en fait un outil des plus précieux ou des plus désastreux, suivant la manière dont je l'utilise…

En effet, lorsque je songe à quelque chose, je nourris cet objet de l'énergie de mon attention, donc je renforce sa probabilité de manifestation, ce qui met en place mon avenir.

Si je m'inquiète au sujet de l'incertitude de la réalisation de mon désir, craignant le pire à longueur de journée, je sème les graines, productives malheureusement, de mes lendemains… En revanche, si j'apprécie à tout instant les bienfaits résultant de mes désirs concrétisés, je répands alors les semences, fécondes et heureuses, de mon avenir…

À chacun de choisir…

Je consacre un moment privilégié chaque jour pour *imaginer* de tout mon cœur et vibrer de tout mon corps, le scénario idéal que je désire réaliser dans ma vie, que ce soit sur le plan personnel, familial, professionnel ou sur celui de ma santé. Il est vivement conseillé de recourir à cette pratique en tout début de journée, pour pouvoir influencer positivement son quotidien. De plus, je reste vigilant et guette l'apparition de tout embryon d'inquiétude : percevant ce signal ami, je superpose systématiquement à ce sentiment, pendant quelques instants, mon scénario optimiste.

« Rien n'existe avant de prendre forme dans nos pensées. »

WILLIAM SHAKESPEARE

« La liberté d'être soi-même, c'est géant ! »

Combien de journées n'ai-je pas passées, assailli par ce lourd et encombrant fardeau : devoir porter sur mes fragiles épaules le poids du monde entier ! L'importance que j'attribue à mon rôle dans l'entreprise, ma performance dans mon équipe sportive, le temps consacré à décrocher tel diplôme universitaire, puis cette carrière que j'ambitionne... mais aussi mes responsabilités en tant que conjoint, parent ou ami, sans oublier l'obligation de conserver jeunesse, vitalité, beauté, séduction et fertilité... Plus l'enjeu est grand, plus le stress qui lui est relié devient insupportable et immobilisant.

À ce stade, je subis une sorte d'emprisonnement social, hypnotisé par ce « besoin vital » d'être quelqu'un, et je stérilise l'essence de vie et de vitalité qui désire vibrer et rayonner, tout naturellement, autour de moi.

Pour être clair, cette « prison » m'empêche littéralement de respirer, de vivre, tout simplement, et je ne fais que m'épuiser, à anéantir chaque instant cette force de vie qui ne demande qu'à s'exprimer librement et à prendre sa place au cœur de mes choix.

L'Athlète de la Vie, lui, a parfaitement intégré les limites, et la bêtise que représente cette obligation « d'être important », aux yeux des autres. Il sait que son vrai repère est à l'intérieur de lui et s'appelle bien-être. Pour en jouir, à tout instant, il expire et lâche prise, reléguant aux oubliettes ce pervers besoin d'importance. Alors, instantanément et comme par magie, un merveilleux cadeau lui est offert : la liberté d'être qui il est, tout simplement, rien de plus ! Il reste branché sur ce sentiment de ***justesse*** du cœur, loin de cette perfection illusoire, fruit d'un mental vivant dans la peur constante de ne pas être à la hauteur… Son « arme blanche » s'appelle spontanéité. Où qu'il soit, il accueille toute situation dans la plus pure confiance, profondément ancré et en vigilance parfaite. Une vigilance qui lui donnera sans faillir les bonnes solutions !

Et, paradoxalement, c'est en raison de cela que la société va le trouver « important », lui qui n'en a cure. Il réussit parce qu'il est lui-même, tout simplement. Et être soi-même, c'est géant !

À chacun de choisir…

La prochaine fois que je me surprends à croire que mon rôle, ma mission, m'oblige à plier sous le poids énorme des responsabilités, je lâche prise ! J'expire profondément, creusant complètement le ventre, trois fois de suite. Puis je bouge vigoureusement mon corps quelques secondes. Enfin, j'éclate d'un rire franc à propos de cette importance fallacieuse, stérile et paralysante pour ma vie tout entière !

« C'est très sympa d'être important,
mais c'est beaucoup plus important d'être sympa. »

Roger Federer

« La voie de ma liberté s'appelle "lâcher-prise" ! »

J'ai tellement passé de temps à œuvrer d'une façon « combative », en « résistance », que je ne conçois même plus d'envisager autrement mes défis quotidiens ! En effet, dans tous les domaines, cette résistance a été comme magnifiée et elle est devenue pratiquement incontournable. Ainsi, dès qu'un problème apparaît, chacun applique comme un devoir absolu la mobilisation de toutes ses capacités, et les catalyse, avec pour seul objectif de faire ployer cette situation et lui imposer un sens favorable. Et l'on entend partout le même refrain : « résister, résister et encore résister », avec un seul et unique recours : « combattre, combattre et encore combattre. » Ainsi s'épanouit une culture de la résistance !

Si, d'aventure, survient la question du « pourquoi résister ? », une impérieuse logique s'impose péremptoirement : il faut se battre pour obtenir un résultat favorable ! Ce langage guerrier, conflictuel, ne cesse d'opposer des forces contraires. Et il faut admettre que, dans ce type de rapports de forces, tout le monde étant « au combat », le plus résistant sera le seul élu. Mais son succès est illusoire, car, à terme, il subira les durs revers de cette énorme débauche d'efforts galvaudés, prix à payer pour obtenir cette prétendue réussite. Dans cette attitude, aveugle autant qu'aberrante, il n'y a en fait que des perdants, et c'est toute notre société qui génère un gaspillage phénoménal d'énergie naturelle, humaine et financière.

L'Athlète de la Vie, lui, sait que les lois naturelles œuvrent universellement, quels que soient les domaines. Il ose mener le bon combat, c'est-à-dire changer sa propre attitude envers les situations et les événements qu'il rencontre. Le seul adversaire que je croise s'appelle moi-même. Voilà pourquoi la croyance qui pousse à lutter toujours plus fort contre ce qui résiste, ne fait qu'accroître cette opposition.

La voie de ma liberté se nomme « lâcher-prise ». J'ai l'audace de m'aventurer dorénavant sur ce nouveau chemin, de suivre le flux, la vague, le courant de la vie, de *ce qui est*. Je l'épouse, je l'apprivoise, je le courtise, je transmute cette énergie de résistance en moteur de mes succès futurs. J'ose expérimenter cette nouvelle manière d'être, pour découvrir avec surprise et extase que ça marche ! Simplement, facilement, rapidement et joyeusement, mes désirs se matérialisent, car j'ai eu le courage d'expérimenter par moi-même le vrai chemin de la réussite : celui où je consacre mon temps à permettre aux bonnes choses de se manifester dans ma vie !

À chacun de choisir…

Je prends le temps de vivre l'expérience suivante : je me rends sur un pont, face au courant de la rivière. Je regarde l'eau couler quelques instants, les pieds parfaitement ancrés dans le sol… puis je me concentre sur le ressenti en mon corps. Ensuite, je traverse le pont et me focalise sur l'eau qui coule vers le lointain, tout en me concentrant à nouveau sur mon ressenti corporel. Je prends alors conscience qu'il m'est beaucoup plus agréable, car naturel, de me laisser emporter par le courant, plutôt que de lui résister, guidé par cette certitude intérieure que je vais atteindre ce que je désire.

Au quotidien, dès que je me retrouve confronté à une résistance, j'utilise concrètement cette vision amie pour me repositionner de façon optimale. Puis, j'expire profondément, pour m'ancrer à nouveau dans le territoire de « l'ici et maintenant ».

« La voie de la nature est fondée sur la simplicité et la facilité. »

LAO-TSEU

« Le monde n'existe pas, il est ce que j'en pense ! »

Je suis très souvent porté à croire fermement que tout le monde vit dans la même réalité que moi, ce qui génère forcément une cascade d'incompréhensions et de conflits potentiels. Pour aborder mon quotidien le plus sainement possible, il est fondamental que je me libère résolument et définitivement de cette vision erronée, conséquence d'une grave erreur d'interprétation.

Comme le souligne le professeur Charon : « Le monde n'existe pas, il est ce que j'en pense. » Derrière ce constat se cache un immense pouvoir inexploité, bien que depuis toujours à ma disposition…

En tant qu'Athlète de la Vie, je décide de l'utiliser, dès cet instant et tout au long de ma vie, de manière consciente et constructive. En effet, s'il s'avère que la réalité est la projection de ma manière de penser habituelle, alors j'ai la faculté, en toute autonomie, de modifier, sculpter, harmoniser cette réalité selon mes goûts et convenances !

Plutôt donc que de m'épuiser en vain à tenter de convaincre mon entourage de « lire » le monde à ma façon, je vais décider de modifier le regard que je porte sur les personnes, les situations et les choses qui m'entourent. Je vais ainsi œuvrer à mon bien-être et à celui des autres, m'appliquer enfin à *créer ma propre réalité !*

Si le monde « est ce que j'en pense », mon travail devient ce que j'en pense, mon lieu de vie devient ce que j'en pense, ma compagne (ou mon compagnon) devient ce que j'en pense, mes enfants deviennent ce que j'en pense, mon patron ou mes collaborateurs deviennent ce que j'en pense, l'amour est ce que j'en pense, la situation économique est ce que j'en pense… et je peux décliner cette énumération à l'infini…

J'ai donc la possibilité supérieure de pénétrer chaque matin dans un monde de réalité diamétralement différent. Le monde peut devenir un univers hostile, ou un lieu merveilleux de partage et d'intimité ; mon travail peut être un bagne des temps modernes ou une opportunité d'amener ma contribution à la société ; ma maison, ma ville peuvent être des lieux hideux et peu sûrs ou se transformer en havres de paix et de joie ; ma femme peut prendre les traits de la frustration, du conflit et du non-désir, ou ceux de l'harmonie, de l'amour et de la sensualité ; mes enfants peuvent exprimer violemment la turbulence extrême ou la spontanéité de l'innocence et la créativité ; mon patron peut devenir un tyran stupide, mes collaborateurs des personnes jalouses et malhonnêtes, ou tous des gens différents, originaux, avec lesquels j'ai la chance de collaborer, d'échanger, de grandir… Et l'amour peut être une utopie ou ma réalité de chaque instant…

Penser devient dès lors un art des plus précieux. Artiste de ma vie ou esclave de ma vie…

À chacun de choisir…

En changeant le regard que je porte sur quelqu'un, je crée la possibilité supérieure de modifier totalement ma relation avec cette personne. Comment en effet envisager d'entretenir des rapports sains avec une personne quand je ne la vois pas autrement qu'un problème, une ennemie, une vampire…

« Le prix de la grandeur est la responsabilité de chacune de nos pensées. »

Winston Churchill

« Ce qui veut vivre longtemps doit servir... »

Quel privilège, au cœur d'une journée que l'on estimerait « normale », de prendre le temps de m'arrêter pour passer quelques instants précieux avec moi-même ! Quelques pas m'amènent vers ce banc libre, qui n'attendait que moi. Partout autour règne le brouhaha des gens, dans la frénésie de leur vie habituelle. Voici quelques minutes seulement, j'en faisais partie et ne concevais même pas une façon de vivre différente.

Après cette courte marche, fouetté par le vent et caressé par le soleil, je prends conscience que je réintègre ainsi, tout naturellement et sans aucun effort, le monde vivifiant de *l'ici et maintenant.* Une autre vie se dévoile, harmonieuse celle-là : des canards qui glissent sur ce petit lac, des personnes âgées souriantes et silencieuses sur un banc voisin, deux adolescents qui s'embrassent, un chien qui suit joyeusement et fièrement son maître, une fontaine qui coule généreusement et où s'ébrouent de joyeux oiseaux... Je goûte intensément cette harmonie, saine et prodigue en vibrations « hautes fréquences ». Elle me rappelle que le but premier de la vie est de célébrer, comme le font ou l'ont fait passionnément les enfants et tous ces femmes et hommes qui ont marqué positivement l'Humanité.

En tant qu'Athlète de la Vie, ces personnes ont réalisé leurs rêves les plus chers, leurs visions les plus folles, en respectant les quatre qualités de base qu'utilise quotidiennement chaque enfant :

La première est le choix de jouer et non pas de lutter.

La deuxième est le choix de ne pas jouer tout seul dans son coin, mais d'ouvrir le jeu à la participation du plus grand nombre.

La troisième est de savoir que la persévérance est toujours fructueuse. En dépit de cent refus, l'enfant, comme le passionné, redemande, vibrant encore plus fort de tout son être la certitude d'obtenir, sans laisser aucune place au doute et à la négativité. Et la cent-troisième fois, il obtient ce qu'il veut, qu'il s'appelle Thomas Edison, Walt Disney, Mohandas Gandhi, Ella Maillart ou Marie Curie…

Et enfin, la qualité essentielle qui germe en tout Athlète de la Vie : vivre constamment au cœur du moment présent, dans ce royaume de *l'ici et maintenant*, où tout peut alors devenir possible, dès lors que c'est son choix…

Je n'oublie pas que j'ai moi-même été un enfant et que cette manière d'être gagnante est imprimée dans ma mémoire neuromusculaire. Je m'imprègne donc progressivement de cette puissante révélation : où que je sois, quoi que je fasse, le chemin de l'harmonie s'ouvre toujours devant moi. Si je décide de l'emprunter, je me retrouve dans la « justesse » du moment, la coopération prenant le pas sur la compétition. Ce phénomène a pour effet bénéfique majeur d'attirer spontanément les bonnes circonstances, personnes, ressources… génératrices d'harmonie et permettant de concrétiser ses objectifs avec efficience et écologie.

Le succès durable en est la conséquence naturelle. Certes, l'autre voie, celle du « combat », se présente aussi, mais à quel prix ? Car le pouvoir en est l'essence et, comme le répétait Hermann Hesse : « Ce qui veut vivre longtemps doit servir. Mais ce qui veut dominer ne vit pas longtemps. »

À chacun de choisir…

Pourquoi ne pas prendre, pour ces prochains jours, le ferme engagement personnel de sortir du rythme effréné, destructeur sans doute, que je subis malgré moi ? Quelques pas, quelques expirations profondes conscientes, quelques étirements ou quelques silences… me reconnectent instantanément avec l'harmonie, donc avec les quatre qualités de base que nous avons énumérées ci-dessus, qui sont le privilège des enfants, mais aussi celui des gens qui matérialisent simplement et écologiquement leur vision.

« Tout devrait être aussi simple que possible, et pas plus. »

ALBERT EINSTEIN

« Créateur de résultats... »

L'une des hantises les plus courantes que nous éprouvons est celle de commettre des erreurs ! Dans notre société, en effet, il est devenu habituel d'avoir peur de ne pas emprunter le *bon* chemin, de ne pas choisir le *bon* partenaire, le *bon* employeur, le *bon* lieu de vie ou de vacances, d'avoir les *bons* amis, d'entreprendre les *bonnes* études ou la *bonne* carrière, d'effectuer la *bonne* action, et j'en passe... Et pourtant, la *bonne* question n'est pas là. Jamais !

En effet, quels que soient mon choix, ma décision, action ou direction, une seule chose importe : adopter la bonne attitude, ce qui signifie être aligné intérieurement avec le courant de la vie, des événements, des personnes... et surtout de ne pas offrir de résistance. Le reste revêt alors une importance toute relative. Si je rayonne cette bonne attitude, indépendamment de mes choix, de mes décisions, de mes actions, et quelle que soit la direction prise, je vais créer l'harmonie.

J'ai donc le choix entre un élan de vie qui vibre en mon cœur et qui m'entraîne constamment sur les sentiers d'aventures excitantes, de la découverte, de l'audace... ou bien une tendance maladive à ne pas entreprendre mon voyage au pays de l'authenticité, donc constamment à *vivre petit*, à ne surtout pas sortir du rang, à ne pas oser un cheminement différent.

Qui que je sois, je suis confronté quotidiennement à ce dilemme : oser ou renoncer ? Vivre ma vie ou vivre la vie que les autres pensent être bonne pour moi ?

L'Athlète de la Vie choisit délibérément de marcher sur le « chemin le moins fréquenté ». Il sait que le succès sera le fruit de quantité d'essais infructueux, suivis de multiples corrections, jour après jour, qui l'entraînent un beau matin au sommet de ce que l'on appelle la réussite. Dans l'état d'esprit naturel de l'enfant, il ose, pratique, tombe, s'adapte, trébuche à nouveau, ose encore, tente quelque chose de différent, rechute, se redresse, décide une nouvelle approche... pour, enfin, à un moment donné, réussir ! À chaque chute, il ne s'apitoie pas sur lui-même et ne se dévalorise pas. Tout au contraire, avec enthousiasme, il s'élance à nouveau vers sa conquête. La véritable maîtrise s'acquiert par l'expérimentation constante de ce processus naturel créatif.

Ce processus implique que je sois toujours un « créateur de résultats ». Même très insatisfaisant, le résultat obtenu ne saurait être considéré comme un échec, mais toujours comme une forme de succès, puisque résultant de l'application d'une stratégie idéale. Celle qui me permet, par exemple, d'avoir trop de poids, pas assez d'argent, la solitude, des conflits multiples, une dépendance au tabac ou à l'alcool, un management réactif... Dès lors, si l'un de ces résultats ne me convient pas, il ne tient qu'à moi de modifier les paramètres appliqués, afin de créer poids de forme, abondance financière, tendre complicité, relations harmonieuses, plaisir d'être non-fumeur ou libéré de l'alcool, manager proactif et motivant...

Où que je sois, je décide toujours de m'aventurer hors des sentiers battus et de consacrer mon énergie à matérialiser ce que je veux !

À chacun de choisir...

Trois possibilités s'offrent à moi :

- investir mon énergie à faire ce que je veux, en adéquation avec mon échelle de valeurs ;
- investir cette énergie à produire ce que je ne veux pas ;
- ou à faire ce que les autres veulent que je fasse par rapport à leurs valeurs.

Comprenant désormais que ma plus grande erreur serait de ne pas faire ce qui a du sens pour moi. Alors, ici et maintenant, j'ose !

« Ceux qui ne commettent pas d'erreurs font la plus grosse erreur de toutes : ils n'essaient pas de faire quelque chose de nouveau. »

ANTHONY DE MELLO

« L'énergie se trouve toujours là où l'on porte son attention ! »

Si j'y portais attention, je serais bien étonné du temps que je consacre à me contrarier à propos de tout ce qui, selon ma perception, ne va pas dans ma vie ! Que d'efforts consacrés en effet à utiliser mon mental pour analyser, réfléchir, soupeser, décortiquer... l'ensemble des problèmes auxquels je me confronte : relations, travail, santé, finances, manque de temps...

Aux prises avec cette attitude improductive et réactive, je ne m'aperçois même pas que son seul résultat est de leur insuffler un surcroît d'énergie, et par conséquent de renforcer leur emprise paralysante et épuisante. Je suis en fait devenu la victime d'une opposition de forces, que je crée et nourris moi-même.

Comme nous l'enseignent pertinemment les maîtres d'arts martiaux, l'énergie se trouve toujours là où l'on porte son attention, ce qui signifie que l'objet de mon attention prend une importance toujours plus significative et acquiert un pouvoir pouvant être démesuré... Ainsi, progressivement se développe en moi un état d'esprit orienté vers les problèmes, qui imprègne ma réalité et m'offre la fallacieuse démonstration que mes inquiétudes sont fondées...

Il est capital de saisir que cette « orientation problèmes » est précisément ce qui empêche de les résoudre, car percevant ainsi la vie comme imparfaite, je me confère la mission de « réparateur ». Je deviens ainsi prisonnier des situations que je rencontre et qui déterminent mon état d'être quotidien.

Il s'avère également que mon bien-être, donc ma faculté proactive, est largement limité par mon environnement, qui me renvoie, comme en un miroir, des problèmes plutôt que des solutions. Or, dans la mesure où la majorité de nos contemporains ont également l'esprit *orienté problèmes*, le chaos s'installe largement dans mon existence... et plus je tente vaillamment de combattre ces résistances, plus je m'épuise.

L'Athlète de la Vie, lui, sait que la véritable intelligence se résume, non pas à se *battre contre*, mais bien à transmuter ce qui offre de la résistance en énergie fluide au service d'une cause plus grande. « Alchimiste des temps modernes », il s'active à matérialiser ses buts dans le respect absolu de la maxime « faire moins, accomplir plus » ! Il œuvre en parfaite écologie, investissant son énergie là où celle-ci possède une force de levier optimale.

À la lumière de cette sagesse, j'intègre que la seule action saine est de m'entraîner à focaliser ma force mentale sur ce qui fonctionne bien, ici et maintenant, dans ma vie et de permettre à ces éléments de croître davantage encore, de façon naturelle.

Tel un magicien, je passe en un instant de l'état d'esprit du manque à celui de l'abondance, de l'attitude de résistance, à celle du lâcher-prise. Le mental fonctionne toujours, tout réside dans la manière de l'utiliser chaque instant. Problème ou solution ? Enfer ou paradis ? Insécurité ou sérénité ? Frustration ou joie ?

À chacun de choisir...

Je ne suis pas là pour être l'esclave de mon mental « déréglé », le subir chaque jour un peu plus, ou encore le craindre sans cesse. Mon mental est là, à mon service. Cet outil des plus précieux, je décide de l'utiliser pour vivre mes rêves, et non pas pour être sous le joug des pires cauchemars. Où est-ce que je porte mon attention tout le long du jour ?

« La loi de la flottaison n'a pas été découverte en contemplant des objets qui coulent, mais en observant comment flottent les objets qui flottent naturellement, puis en se demandant intelligemment pourquoi il en est ainsi. »

THOMAS TROWARD

« Rebâtir une saine image de moi-même... ! »

Il arrive fréquemment que je perçoive une image de moi peu flatteuse, voire négative, ce qui révèle toujours un déséquilibre et fausse gravement mon interaction avec les autres et avec mon environnement. L'image que l'on se fait de soi-même est en effet facilement influencée par une tendance fâcheuse à se placer, pour de multiples raisons, dans un état d'infériorité, avec l'habitude de se comparer à des personnes d'excellence dans un domaine précis : vie privée, santé, culture, capacités professionnelles ou sportives... De plus, je vais inconsciemment optimiser encore cette image en dévalorisant la mienne et, inéluctablement, me considérer comme un incompétent ou un incapable...

L'Athlète de la Vie, lui, a parfaitement intégré les bénéfices énormes que procure le développement d'une saine image de soi. Voici une petite histoire, contée par une dame à l'âge respectable, d'origine africaine, rencontrée à l'aéroport de Sydney, qui va m'aider à rétablir cette image, et dont les sages paroles étaient animées par un regard à la vitalité étincelante :

« Imagine que tu te trouves un matin avec un groupe d'une dizaine de personnes, que je rentre dans la pièce où vous vous trouvez, accompagnée d'un photographe. Il décide de vous prendre en photo. En fin d'après-midi, nous revenons et distribuons une photographie du groupe à chacun d'entre vous. Quelle est la première personne que tu regardes sur la photographie ?

– Moi-même, répondis-je surpris.

– Bien sûr, comme tout le monde, chacun étant obnubilé par l'impact de son image. Et quelles sont tes premières pensées ? », continua-t-elle.

J'hésitai et dis : « En fait, je recherche automatiquement tout ce qui me désavantage…

– Excellente réponse, reprit ma lumineuse interlocutrice, et bienvenue au club ! Car la grande majorité d'entre nous, que leur apparence soit très sobre ou tout particulièrement séduisante, subissent les dégâts du « regard qui abîme » et remarquent en priorité les choses « qui ne vont pas ». Alors, arrête de douter de toi, de te trouver moins bien que celle-ci ou celui-là, et de te préoccuper de ce que les autres peuvent penser de toi. Tout d'abord, considère bien que ces autres ne te regardent pas, bien trop préoccupés qu'ils sont, comme toi, par leur propre image… Et ensuite, toujours comme toi, sache qu'ils portent leur attention sur ce qui, à leurs yeux, ne « va pas chez eux ».

Des études récentes en psychologie sociale démontrent et confirment qu'environ 90 % de nos contemporains souffrent, à certains moments de la journée, de sentiments d'infériorité.

Admiratif de la précieuse lucidité de cette personne âgée à la sagesse si rieuse, je reste pleinement conscient de cet égarement qui pollue mon quotidien. Je décide d'agir, ici et maintenant, pour rebâtir une saine image de moi-même, seul passeport qui puisse m'offrir la sérénité et ensuite me permette de redonner à chacun sa vraie valeur.

À chacun de choisir…

Qu'un billet de banque de 20 euros soit piétiné, froissé, critiqué, mouillé, et même si une personne frustrée crache dessus, sa valeur restera toujours de 20 euros. Quelles que soient les tempêtes que j'ai eu à subir et traverser dans mon existence, je demeure toujours conscient que ma valeur personnelle reste la même, incessamment.

Je suis en vie, je choisis d'être gentil avec moi-même et d'oser vivre mes jours en grand !

« La beauté, c'est complexe. C'est le regard que vos parents ont porté sur vous qui peut vous rendre belle ou laide. »

Carla Bruni

« *Une attitude royalement positive…* »

Un des principes-clés du succès implique qu'une attitude sans harmonie ne peut en aucun cas entraîner une action réussie. Combien de fois, en effet, ne me suis-je pas surpris à entreprendre un travail, alors que, avant même d'entrer en action, je m'étais laissé influencer, si ce n'est « saboter », par des pensées limitatives, mettant sous la loupe l'ampleur de la tâche, ses difficultés, sa complexité, sa durée… bref, tous ces paramètres qui ne peuvent que générer une réalisation pénible, autrement dit très exposée à l'échec…

L'Athlète de la Vie, lui, a intégré que, s'il n'est pas animé par un ardent désir, il n'atteindra pas la réussite, car celle-ci dépend toujours du degré d'enthousiasme investi chaque instant. Voilà pourquoi il est fondamental que, quel que soit le projet abordé, je m'attende au meilleur résultat possible. C'est en étant convaincu d'une réussite optimale à 360° que je me propulse radicalement sur les rails du succès.

Dorénavant donc, je m'entraîne à aborder chaque tâche dans mon quotidien, avec une attitude royalement positive, de laquelle dépend indissociablement ma réussite. Chaque instant, je veille à cultiver les graines d'une manière de penser focalisée sur les solutions, sur ma vision.

Devant une grange délabrée, certains ne verront que le gouffre financier et la tâche énorme qu'impliquerait sa rénovation, se focalisant sur tout ce qui tombe en ruine et sur quoi il faudra transpirer… ; alors que certains autres sauront précisément se concentrer exclusivement et pleinement sur cette merveilleuse demeure flambant neuve, dans laquelle ils imaginent déjà, vibrants de plaisir, ce que sera leur nouvelle vie. C'est là que réside toute la différence, et elle est fondamentale !

Je découvre que, dans cette seconde façon de positionner mon esprit, l'élan de mon cœur permet de surmonter tout obstacle avec la force de la détermination couplée à la fluidité, à l'aisance. Tout est possible à celui qui se donne cœur à cœur à la tâche qui s'offre à lui, sans aucune retenue, pour la transformer en chef-d'œuvre.

À chacun de choisir…

Tout au long de ces journées à venir, je décide de porter un regard neuf sur les tâches qui se présentent. Je m'investis totalement dans chacune d'elles, en m'attendant toujours au meilleur. La vraie réussite trouve avant toute chose sa source et ses racines dans ma façon de penser, dans l'orientation de mon esprit. L'échec également… Je choisis donc sans attendre d'atteindre mes buts !

« L'œil qui change change tout. »

WILLIAM BLAKE

« L'état d'équilibre intérieur du funambule... »

Il est un élément fondamental qui donne plein accès à la réussite, dans n'importe quel domaine : la capacité d'être « aligné » intérieurement. Ce sentiment de « justesse », lorsqu'il se manifeste, permet d'agir de façon optimale, sans aucune déperdition énergétique liée à des facteurs extérieurs de stress. Or, qu'observe-t-on généralement dans les rues de nos villes ? Une ruée frénétique de gens, visages crispés, démarches saccadées, absorbés par une course sans fin vers un but manifestement extérieur à eux... La seule conséquence de cette attitude est l'augmentation significative d'états psychologiquement et physiquement perturbés, affectés par cette lutte constante contre un environnement perçu comme « résistant », de manière générale et sous d'innombrables aspects...

Cet état est la conséquence d'un « non-alignement » intérieur avec une source pourtant abondante de créativité et de spontanéité. En lieu et place de quoi je me fige dans ce combat de titans, dont le seul but évidemment illusoire et utopique, est de soumettre les circonstances aux désirs de ma volonté. Ainsi, je dépense toutes mes réserves d'énergie vitale pour tenter, sans y croire vraiment d'ailleurs, d'amener les choses à prendre une tournure moins désagréable pour ma vie quotidienne. Comme des millions d'autres, je me bats en fait pour conserver la tête hors de l'eau.

Mais que veut dire exactement cette expression « avoir la tête hors de l'eau » ? C'est tout simplement la satisfaction du besoin fondamental de se sentir « aligné », d'atteindre, par exemple, l'état d'équilibre intérieur du funambule, de la trapéziste, du musicien, de la chercheuse, du sportif... totalement absorbés et dévoués à leur tâche du moment, dans un alignement intérieur parfait. Voilà ce qu'est la véritable maîtrise de soi, avec cette vibration de « justesse », cette harmonie à l'instant que chaque Athlète de la Vie cultive avec passion et persévérance, au cœur de chaque jour et avec laquelle tout devient alors possible !

En cet instant précieux, j'ouvre mes yeux sur cette séduisante éventualité. Je réalise l'évidence de cette habitude maladive et destructrice, consistant à mettre le maximum d'énergie à tout contrôler : les autres et les situations ; ce qui m'engage dans une impasse, royaume de l'épuisement, dominé par le *burnout*... Au lieu de cela, en pleine conscience, je veille désormais à consacrer mon énergie à maîtriser ce qui est à ma réelle portée : mon degré d'alignement intérieur.

Alors que, avec une attitude déséquilibrée, je compromets mon avenir dans un sentiment généralisé de « justesse », me sentant aligné, je suis en « **fête** », porté par la vague du moment présent, pour devenir naturellement le véritable créateur de ma vie, nourri de la source du bien-être.

À chacun de choisir...

Au lieu de perdre mon temps et dilapider ma santé à vouloir ***avoir***, pour oser ***faire***, croyant que cela me permettra ***d'être bien***, je m'investis totalement à ***être bien***, ce qui me permettra de ***faire*** idéalement, et donc de récolter les fruits exquis de cet alignement intérieur. Avant d'en jouer, en effet, le guitariste prend le temps d'accorder sa guitare...

« Si tu apprivoises le tigre, tu vaincras le dragon. »

PROVERBE CHINOIS

« La spirale ascendante proactive du bien-être... »

Il est d'une importance capitale de comprendre ce que j'ai à faire véritablement au quotidien, étant aux prises, comme tout un chacun et toujours plus, avec la fuite du temps... En premier lieu, pour vivre bien, je me dois de vivre simple. À trop souvent réfléchir aux moyens de sortir des impasses dans lesquelles je m'engage, je ne fais que complexifier davantage ma vie personnelle, professionnelle ou amoureuse. En fait, la tâche essentielle à laquelle consacrer toute mon attention, jour après jour, est de mieux comprendre *comment* je fonctionne.

Car je possède bel et bien un pouvoir d'action colossal, bien que d'une simplicité déconcertante ! Le but que cultive sans relâche l'Athlète de la Vie est de trouver l'ancrage qui lui apportera un regain de bien-être, et ceci dans n'importe quelle situation... y compris lorsque celle-ci lui apparaît extrêmement défavorable. Le choix m'incombe en effet toujours : je peux me laisser aller à me morfondre, aux prises avec des contextes sombres et contrariants, éléments contre lesquels je vais accroître mes résistances, donc inéluctablement le sentiment de malaise que j'éprouve...

Mais je peux tout aussi bien opter pour la voie de la sagesse, c'est-à-dire me réaligner instantanément avec *ce qui est*, « puisqu'il en est ainsi », en trouvant le point d'appui, quel qu'il soit, qui me reconnecte instantanément à un sentiment de bien-être. Et c'est bien sûr mon corps qui, sans jamais faillir, va m'en donner le repère.

Ainsi, plutôt que de maudire le ciel, ou le présentateur de la météo... responsable de cette journée de pluie qui contrarie mon projet de pique-nique, j'apprends à orienter au plus vite mes pensées vers des options positives : ressentir la joie de mes enfants riant sous la pluie, découvrir la beauté de la nature qui se déchaîne, envisager la possibilité de rentrer pour prendre un bon bain parfumé et chaud, ou encore saisir l'opportunité de m'accorder un peu de farniente, chez moi, porté par ce sentiment, si rare et précieux, d'avoir du temps !

Si, dans le cadre de mon travail, les résistances et les éléments m'agressent, ce nouvel état d'esprit va orienter mes pensées en direction d'éléments naturellement bénéfiques pour moi : par exemple, le fait de jouir d'une excellente santé, de savoir me sortir de situations difficiles, ou encore vibrer de ma passion pour l'art florentin, qui me touche mystérieusement au plus profond du cœur... plutôt que de laisser ce même cœur être touché en compromettant même mon avenir, par la rumination d'amertume, de colère ou de haine, ou en faisant preuve d'agressivité... ; autant d'attitudes qui génèrent du « mauvais sang » et m'emprisonnent dans une spirale réactive et négative.

Au contraire, en choisissant de me recentrer volontairement sur un ancrage positif, je me propulse à nouveau sur la spirale ascendante proactive du bien-être. Le but n'étant pas de vouloir être toujours positif, mais bien d'acquérir cette capacité fantastique de pouvoir réorienter ma manière de penser dans la bonne direction, celle de la vie et de l'espoir. Voilà l'atout royal de l'Athlète de la Vie, qui acquiert progressivement la capacité de porter systématiquement et naturellement un regard positif sur l'existence !

Je traverse dès lors les turbulences quotidiennes avec la même agilité que je traverserais le cours d'une rivière, posant, pierre après pierre, mes pieds au bon endroit. Ainsi, je continue d'arpenter mon chemin avec confiance et élégance. Dans le cas contraire, déséquilibré, non aligné intérieurement, réactif, je n'ai d'autre perspective que de plonger tête la première dans une agitation accrue et... couler.

À chacun de choisir...

Je décide de me simplifier la vie radicalement, et ce, dès aujourd'hui ! Pour cela, je choisis en toute circonstance, systématiquement, l'option « supérieure » : trouver le lien, la connexion, avec mon bien-être, plutôt que de chercher des solutions à l'extérieur de moi. Cette option amène paix et solutions adéquates, l'autre ne génère que stress et solutions inadéquates, donc un surcroît de problèmes à résoudre… Je pose donc à jamais la casquette du « dépanneur », qui répare son existence, encore et encore, toujours persuadé qu'il y a quelque chose à régler extérieurement à sa personne.

« Vivre heureux pour toujours n'est possible qu'un moment à la fois. »

MARGARET BONNANO

« Impossible d'être stressé lorsque son corps est détendu ! »

La finalité de l'intention de l'Athlète de la Vie est d'amener ce qu'il souhaite à se manifester naturellement, en veillant à la somme d'énergie investie, c'est-à-dire en en dépensant le montant « juste ». Il a intégré cette notion qu'il existe une énorme différence entre le fait de travailler, animé par une passion viscérale, et celui de s'affairer, dominé par des tensions parasites contraignantes qui ne feront que croître.

Le principe de base, que je me dois de comprendre et respecter est que ce qui use, ce n'est pas le travail, mais bien le fait de l'aborder continuellement sous l'emprise dévastatrice de la tension, de la nervosité, du stress. Le *burnout* si menaçant pour chacun, dans ce culte de la performance qui caractérise notre société et notre époque, ne trouve pas son origine dans la dureté qu'implique un labeur, non, il est en fait produit par l'incapacité à s'activer autrement que dans un état de tension permanente, signe distinctif d'un nombre croissant de nos contemporains.

Dès lors, j'intègre consciemment dans ma vie qu'il est absolument vital d'être « décontracté », et cela, tout au cours de la journée. La décontraction représente l'ingrédient fondamental d'une performance de grande qualité. Elle résulte de la capacité de savoir relâcher son corps de façon optimale, quelle que soit la tâche à effectuer. Il s'avère en effet totalement impossible d'être stressé lorsque son corps est détendu !

Mais quel est donc le secret de cette réelle alchimie du succès véritable ? Il est tout simplement recélé par une qualité constante de l'expiration, qui permet à la musculature de se relâcher, et, partant, de ne dépenser qu'une quantité minimum d'influx nerveux, soit seulement celle dont le corps a besoin pour assurer l'action présente de manière optimale.

Je me laisse inspirer par les virtuoses du piano, du golf, par l'équilibre parfait des acrobates, par la perfection du chant des artistes lyriques… Tous n'utilisent que le minimum d'énergie nécessaire pour assurer une efficience maximale !

Des muscles détendus provoquent la détente des organes internes, qui se trouvent parfaitement vascularisés, une énergie émotionnelle fluide, puissante et disponible pour enthousiasmer, ainsi qu'un état d'esprit imprégné de clarté, totalement disponible à l'inspiration du moment présent.

En revanche, des muscles soumis à des tensions permanentes provoquent la crispation des organes, limitant leur irrigation sanguine, et induisant une coagulation de l'énergie émotionnelle. C'est le mal-être largement répandu, qui détruit la clarté d'esprit et génère la production de sombres scénarios…

Cet art de provoquer avec aisance la manifestation de ce que l'on désire, ce privilège de l'Athlète de la Vie, sont à notre portée à tous !

À chacun de choisir…

Je décide résolument de prendre soin avant toute chose de mon état corporel. Je réapprends à vivre dans un état de décontraction qui rime avec bien-être et succès. À cette fin, et à plusieurs reprises dans la journée, je m'amuse à contracter à l'extrême l'ensemble de mes muscles pendant quelques secondes… puis je relâche totalement cette tension. J'apprécie l'effet provoqué, de délivrance, de légèreté… et je boucle l'exercice en expirant profondément trois fois de suite, toujours en souriant…

« Si tu dois vivre parmi le tumulte, ne lui livre jamais ton corps. Garde ton calme. »

Alexandra David-Neel

« Ce qui a du sens pour moi ici et maintenant ! »

Pourquoi ne pas découvrir, dans les choses ou événements auxquels je suis confronté, un signal amical prêt à me servir, en m'indiquant clairement la direction à emprunter ?… En effet, au lieu de me lamenter à propos de certaines situations qui parsèment mon quotidien, j'ai le **libre choix** d'appréhender les choses d'une manière différente, avec une nouvelle ouverture d'esprit, considérant que toute chose qui me dérange ne me convient pas, voire me rebute totalement, cache en vérité un très précieux cadeau !

En découvrant ce qui m'irrite, ce dont je ne veux pas dans ma vie ou que je ne supporte pas ou plus…, je clarifie toujours davantage ce qui a du sens pour moi, **ici et maintenant**, dans mon existence. Le côté « ombre » m'offre une voie accélérée vers le côté « lumineux » de ce que je désire plus que tout.

Je m'appuie dorénavant sur cette loi universelle qui enseigne que toute chose n'existe que par son contraire. Le contraste est permanent et la danse ineffable des contrastes rythme le jeu de la vie. Comment pourrais-je connaître le lâcher-prise sans la résistance, le féminin sans le masculin, la souplesse sans la raideur, l'intimité sans le conflit, la confiance sans la peur ?…

En tant qu'Athlète de la Vie en devenir, j'oriente mes actions en fonction de cette nouvelle lecture de mon environnement, rimant avec le monde concret de mes vœux les plus chers. Dès lors que je mets en avant en toute conscience ce côté lumineux des situations et des choses, j'en jouis immédiatement sans limites, mémorisant dans chaque parcelle de ma chair cette savoureuse expérience au goût subtilement exquis… Ce phénomène représente un afflux de bien-être qui accroît naturellement mon niveau de vigilance, me permettant d'émettre et de rayonner toujours plus intensément ces « hautes fréquences », semences incontournables de tout succès.

Et, lorsque je me heurte au côté sombre des avatars de l'existence, j'oriente automatiquement mon attention vers son contraire qui m'énergise, sachant au fond de moi qu'une prétendue mauvaise expérience me permet de clarifier instantanément ce qui a vraiment de la valeur à mes yeux. De plus, sachant que mon inconscient ne fait pas la différence entre le réel et l'imaginaire, j'en profite pour m'immerger dans la très agréable sensation de vivre déjà cette expérience féconde, et je ressens par anticipation la vague de bien-être qu'elle procure.

Comme je le constate, les côtés lumineux et sombres m'offrent tous deux la possibilité de ressentir immédiatement bien-être, joie et satisfaction !

À chacun de choisir…

Au lieu de ressasser, ce qui me déchire souvent, de la négativité dans certaines situations et de m'engluer encore plus fort dans le mal-être dominant des « basses fréquences », j'utilise la richesse de mon intelligence émotionnelle pour rebondir sur le versant ensoleillé des événements. « L'obscurité » me propulse à m'ajuster sur son contraire « lumineux » et à en accueillir, ici et maintenant, ces « hautes fréquences » génératrices de bien-être.

« La vie est ce qu'on en fait. Il en a toujours été ainsi, et il en sera toujours ainsi. »

Grandma Moses

« Oser m'aventurer en dehors des sentiers battus ! »

Bien trop souvent, je me sens confiné dans la répétition sempiternelle des mêmes scénarios ennuyeux, pour, indirectement, satisfaire le besoin de me sentir sécurisé. Sans que je m'en rende compte, cette façon de procéder érode chaque jour un peu plus en moi-même l'élan vital de « Vivre Grand » mes instants. Pourtant, la sécurité n'a jamais résidé dans le fait de posséder tels ou tels biens, avantages ou titres. La véritable sécurité consiste à ressentir la vie en ébullition dans mes veines, me poussant sans cesse à oser m'aventurer en dehors des sentiers battus, pour reconquérir ma véritable identité, pour pouvoir découvrir ma fameuse « légende personnelle », selon l'expression si chère à Paulo Coelho !

Tenter de me faire petit, de refuser l'élan de mon cœur, de ne pas m'aventurer sur les territoires excitants de l'inconnu… tout cela n'a pour effet que de ruiner ma raison d'être, donc de saper ma confiance en moi… Je suis avant tout un *être humain* et non pas un *faire humain*. La seule liberté, je ne puis la conquérir qu'en la cultivant en moi-même, c'est-à-dire en investissant mon temps à évoluer, à désirer apprendre des choses nouvelles, à créer de nouvelles rencontres, à visiter de nouveaux lieux…

En tant qu'Athlète de la Vie, je décide, ici et maintenant, d'aller au bout de mes rêves, de les courtiser sans cesse. Je gravis avec exaltation mes sommets intérieurs. Je ne trouverai jamais ce sentiment de sécurité en cherchant à aseptiser ma vie, jamais. Plus je cherche à contrôler mon environnement, plus je m'enferme dans un cercle vicieux d'illusions. Il m'est impossible de vouloir aborder l'avenir en m'agrippant avec crainte à mes habitudes passées.

La seule certitude sur laquelle je puisse bâtir mon avenir, c'est de savoir que tout change constamment. Que ce soit mes relations, mon état de forme, les choses qui m'entourent, les repères, tout est une danse perpétuelle de modification ! Si mon choix est de contenir cette dynamique naturelle, je vais en subir rapidement les blessures, physiques et morales.

Pourtant, et je le sais parfaitement au fond de moi, ma seule sécurité réside dans les germes de l'inconnu. Dans ce non-connu, tout peut naître ! Voila pourquoi je m'investis dorénavant à l'apprivoiser avec une ferveur toute particulière. J'ai l'audace de faire la cour au risque, de danser avec le risque, car vivre est un risque. Et celui-ci se nomme « épice de la vie » : il est le véritable plaisir d'exister. Alors, est-ce que je porte mes pas vaillamment au cœur de mon intégrité, ou est-ce que je me désintègre un peu plus chaque jour, à petit feu ?

À chacun de choisir...

Quel est mon rêve le plus cher, ici et maintenant ? Je prends du temps enfin aujourd'hui pour consacrer un moment à répondre à cette question essentielle, car demain il sera peut-être déjà trop tard... Ose !

« Premièrement, dites-vous ce que vous voudriez-être, et ensuite faites ce que vous avez à faire. »

ÉPICTÈTE

« La Responsabilité est ma force ! »

Les journées défilent, les mois passent, les années s'ajoutent aux années, les « questions essentielles » devraient se poser, sinon s'imposer... et pourtant, me voilà persistant dans cette sempiternelle quête de ce qui serait censé me « procurer les bonnes réponses »... En toute inconscience, je n'ai jamais eu de cesse que de chercher chez les autres, chez mes professeurs, chez mes amis, chez les « spécialistes »... les solutions toutes faites, les panacées aux situations dérangeantes, comme mes problèmes de poids, de cœur, de travail, l'éducation de mes enfants... sans compter combien de choses plus futiles, ou qui auraient à tout le moins pu être relativisées ! Et plus je persiste dans cette recherche, plus je sens grandir en mon cœur comme un vide vertigineux, celui du doute qui ronge et parfois désespère...

Pourtant, quels que soient mes choix du passé, mes incohérences, mes manques... la porte à franchir pour me sentir enfin libre est là, juste devant moi ! L'Athlète de la Vie que je suis ressent, après cet interminable exil en des territoires désécurisants, le besoin tout naturel et très simple d'avoir l'audace de poser lui-même sa main sur la poignée de cette porte et de l'ouvrir !

Ainsi, en osant devenir le spécialiste de ma vie, je passe spontanément du statut fébrile de *chercheur de méthodes* à celui, libérateur, de *trouveur de solutions*. À cet instant même, j'embrasse mon pouvoir personnel et donne vie à mes souhaits : mon poids idéal, une relation amoureuse harmonieuse, un travail épanouissant, des contacts sereins et porteurs avec mes enfants... Je ***suis*** ce pouvoir que je cherchais à l'extérieur de moi ! La ***Responsabilité*** est ma force ! Il y a donc là une décision de base qu'il convient de prendre, celle de laisser triompher ce désir de me prendre en main résolument, mais avec gentillesse et complicité toutefois... Alors, les réponses dont j'ai besoin se dévoileront et tout se mettra en place naturellement, porté par l'alignement de mon cœur et de mon corps.

Bien sûr, ce genre de démarche n'est pas évident à entreprendre tout seul, comme on se croit si souvent obligé, sinon héroïque, de le faire... C'est pourquoi, à la condition d'avoir pris cette décision, je pourrai avec profit exercer pleinement ma responsabilité, de la façon et avec les appuis que j'aurai librement choisis... Ainsi mettrai-je en place ma « Stratégie gagnante » !...

À chacun de choisir...

La prochaine fois que je me surprendrai à chercher des réponses à des circonstances de ma propre vie chez un prétendu spécialiste, je m'aventurerai à trouver la solution au plus profond de mon cœur.

Au lieu de me déconsidérer, j'apprends à me faire confiance, devenant ainsi le décideur de ma vie.

« Enseigner c'est rappeler aux autres qu'ils savent aussi bien que toi. »

RICHARD BACH

« Tout à gagner à “travailler pour”! »

Pourquoi donc ai-je si longtemps endossé cet habit trop étroit et inconfortable, dans lequel je crois devoir me révolter contre les situations auxquelles je me trouve confronté ? C’est que, tout comme la très grande majorité de nos contemporains, il me semblait qu’une telle réaction était « normale », évidente, pour ne pas dire obligée… et cela en dépit des énormes dégâts collatéraux qu’elle occasionne !

Cette attitude désuète et fondamentalement erronée trouve sa source dans cette espèce d’obligation que je me fais de devoir « réparer » les éléments de mon environnement, que je juge non conformes à mes attentes. En conséquence de quoi, j’hérite de l’énorme responsabilité de devoir le faire plier, de toutes mes forces, afin de lui donner une allure que je juge plus convenable.

Il en est ainsi selon cette forme de pensée : de multiples situations dans ma vie, sans compter les exemples que je trouve dans la société et dans l’histoire, me démontrent bel et bien que la seule issue est de « combattre contre » un élément dérangeant extérieur. Combattre contre ceux qui pensent différemment, combattre contre cette crise, combattre contre cette maladie, combattre contre ce conflit, combattre contre cet excès de poids, combattre contre ces dettes, combattre contre ce manque d’enneigement… partout, partout je combats, me croyant Rambo, n’étant pourtant que Don Quichotte.

Et, bien sûr, plus je me meus en combattant, plus de nouvelles batailles s’offrent à moi, ce qui épuise mes ressources vitales et assombrit autant mon moral que mes perspectives d’avenir… Qu’adviendra-t-il donc de moi socialement si je n’ai plus assez d’énergie pour combattre ?

L'Athlète de la Vie que je deviens a découvert, lui, que « combattre contre... » ne menait nulle part, sinon le cas échéant au *burnout*! Il a tout naturellement intégré, au plus profond de lui-même, qu'il avait tout à gagner à « travailler pour... », que sa plus grande richesse résidait dans son for intérieur. Il sait viscéralement que le meilleur est en lui et que sa responsabilité première est de se consacrer à le faire éclore, à le faire mûrir avec patience, pour enfin récolter et savourer les bienfaits de cette saine attitude.

Pour mener à bien cette noble tâche, la première chose à réaliser est d'accepter ce qui se trouve sur son chemin toujours ! Y résister, c'est s'opposer au courant impétueux de la vie elle-même et, inéluctablement s'user, car en nourrissant de mon attention ces courants contraires, je ne fais qu'en renforcer toujours plus le pouvoir. Oser cette acceptation, puisque c'est « ce qui est » !

Alors, depuis ce positionnement proactif et martial, j'acquiers la capacité, le pouvoir de construire ma vision, un pas après l'autre, grâce à la puissance de mon attention, sans consumer mon capital santé à travers les soucis que je me procure. Dès lors, je peux prendre un malin plaisir à transmuter mes conflits intérieurs en une source d'inspiration, afin de me bâtir une vie harmonieuse, car c'est mon choix. Et si l'harmonie m'habite, je ne puis que la rayonner, donc la transmettre généreusement autour de moi.

Voici donc ce à quoi l'Athlète de la Vie se consacre, instant après instant. Au lieu de s'engager sur de multiples champs de bataille, il a pris la décision d'utiliser toutes les situations qui se présentent sur son chemin pour apprivoiser ces circonstances prétendument néfastes, en modifiant sa lecture de ce qui se trouve sous son regard, renforçant par là sa maîtrise personnelle. La sérénité, la paix de l'esprit et la créativité deviennent ses fidèles alliés au cœur de son quotidien et à tout jamais.

À chacun de choisir...

Je me donne comme objectif, pour les jours à venir, de prendre conscience de chaque situation dans laquelle j'enfourche le coursier, le bolide parfois, du justicier. Ainsi, au lieu de me révolter contre ce qui se présente, j'apprends à l'accepter puisque « c'est ce qui est », afin de pouvoir, dès cet instant, me libérer authentiquement de cette emprise négative et m'offrir les ressources permettant de construire en priorité l'harmonie.

« Accepter quelque chose d'inévitable,
c'est ne plus le subir. C'est devenir libre. »

Corine Sombrun

« Rechercher la véritable sécurité ! »

En portant un regard honnête sur mes expériences passées, je peux rapidement constater que j'ai une propension certaine à m'accommoder plutôt des univers connus. Cependant, que puis-je qualifier de « connue », si ce n'est une situation que j'ai déjà expérimentée et qui est inscrite dans ma mémoire comme étant agréable ou désagréable ? J'éprouve en fait le besoin quasi frénétique d'être rassuré, en préalable à toute action ou toute démarche… Et pourtant, voilà une attitude qui ne fait que restreindre mon champ d'action, donc mes activités…

L'Athlète de la Vie a compris, lui, que la seule véritable sécurité résidait dans la capacité de disposer de suffisamment d'audace pour s'aventurer dans des territoires inexplorés, afin de vivre, ici et maintenant, une expérience nouvelle ! Car plus je tente d'éliminer de mon quotidien ce qui est inédit, plus je referme sur moi les lourdes portes de ma « prison » actuelle, même si je peux avoir l'illusion d'y être bien, en raison du caractère répétitif, donc connu, des choses…

Ce n'est que pas après pas que je vais pouvoir désapprendre cette pratique sclérosante, en osant sans relâche l'aventure. Certes, voilà un art de vivre exigeant, car il demande une vigilance de tous les instants, afin de déterminer et défricher mon véritable chemin. Il n'en existe pas un qui soit unique et que je me doive d'arpenter, cela ne serait que pure et dangereuse illusion… Le chemin se dessine à chaque pas, voilà le secret de ce qu'éprouve tout aventurier !

Oui, il est capital de me souvenir que vivre est avant tout une aventure, une « jouerie », qui m'est offerte à chaque début de journée. En l'occurrence, plutôt que d'investir toute mon énergie à réussir ma vie, il me sera infiniment précieux de vouer un soin méticuleux à vivre intensément chaque instant… En m'imprégnant ainsi pleinement du moment présent, je ne pourrai que m'offrir la récolte d'une vie réussie !

Voilà pourquoi je m'entraîne à choisir le risque comme compagnon de voyage privilégié, car lui seul me léguera les capacités d'être véritablement aux commandes de mon existence. Jamais personne ne s'est fané, restreint ni aigri, à flirter avec le risque ! Par contre, elles sont innombrables les personnes qui, jour après jour, éteignent l'étincelle dans leur regard en cherchant à conserver une pseudo-sécurité. Le seul moyen de garder mon intégrité est bien de découvrir sans cesse que j'ai la mission de développer une version plus grande de ce que je suis aujourd'hui.

L'inconnu est donc bien mon irremplaçable trésor, car il me pousse toujours à m'aventurer hors des sentiers battus, là où je peux découvrir et m'imprégner des parfums enchanteurs du bonheur. Qu'il est beau de ressentir les battements de son cœur qui exulte de jubilation !

À chacun de choisir…

Pour les 21 prochains jours, je décide d'oser m'aventurer sur les sentiers du risque, avec une confiance croissante. Chaque fois qu'une opportunité m'est offerte de vivre quelque chose de neuf, je choisis ainsi l'audace qui prendra, progressivement et toujours davantage, la place de l'habitude sclérosante du « connu ».

« Il y a des gens qui disent qu'ils peuvent,
d'autres qu'ils ne peuvent pas.
En général, ils ont tous raison. »

HENRY FORD

« Droit dans le mur ! »

L'énergie est toujours là où je place mon attention : cette phrase exprime la source, l'essence de la connaissance de tout Athlète de la Vie et recèle une puissance extrême ! Car, si je me concentre en permanence sur ce qui manque à ma vie, je ne vais obtenir aucun autre résultat que d'amplifier ces manques.

Prenons un exemple que chacun d'entre nous a vraisemblablement connu : être obnubilé par le manque d'argent. Et la voilà, la pensée prédominante qui va s'intensifier en spirale, au fur et à mesure de sa répétition dans notre esprit... Que ce soit au moment de prendre son courrier, dans lequel on n'attend que des factures ; que ce soit lors d'achats qui connecteront automatiquement notre esprit sur l'inflation galopante ; que ce soit lors de nos vacances, ruminant comme une injustice le fait de ne pouvoir s'offrir telle ou telle activité tentante, mais hors de prix...

Et plus notre focalisation sur le manque est prononcée, plus bien sûr l'insatisfaction grandit en nous, provoquant un mal-être toujours croissant. Dès lors, le cercle vicieux est enclenché : plus je ressens des états internes désagréables, plus s'amplifie la crainte de ne pouvoir faire face à mes obligations financières, de ne pouvoir honorer mes engagements, plus j'intensifie les projections mentales des pires scénarios !

À leur tour, ces « films d'horreur » m'enfoncent un peu plus dans les affres du doute, voire de l'angoisse... Et ainsi de suite... plutôt que de créer l'ombre d'une solution, je crée moi-même la conséquence inéluctable d'un tel comportement maladif : un accroissement de mes dettes et, par ricochet, la diminution de mes revenus, donc une péjoration de ma situation budgétaire.

Le même phénomène se produit pour une entreprise, mais avec une accélération des effets destructeurs, en raison du nombre de personnes qui alimentent inconsciemment cette forme d'épidémie, en laissant leurs pensées négatives vagabonder dans le monde des manques, que l'on imagine être des conditions de la réussite, voire simplement de la survie… En clair, et en application du sacro-saint principe qui veut que « l'énergie est toujours là où je place mon attention », on comprend maintenant à l'évidence comment une entreprise, une personne, une formation sportive… peuvent immanquablement aller droit dans le mur…

Comme le relèvent fort opportunément certains scientifiques, nous émettons environ 60 000 pensées par jour, 95 % de nos pensées d'aujourd'hui étant exactement les mêmes que celles d'hier ! Au regard du phénomène décrit plus haut, je prends conscience du pouvoir colossal que, comme tout un chacun, je possède ! Vais-je le subir ou l'utiliser positivement ?

L'Athlète de la Vie s'entraîne constamment à orienter sans cesse ses pensées du jour vers le fait de s'attendre à recevoir le meilleur. Il façonne sa capacité à croire à l'impossible. Il focalise toute son attention sur ce qu'il désire obtenir et il apprend à déjà ressentir l'état jubilatoire d'être comblé, avant d'obtenir ce qu'il convoite. Chaque instant, il décide de développer la gratitude par rapport à ce qu'il possède déjà. Enfin, en point d'orgue, il développe sa faculté d'orienter résolument son mental sur le versant ensoleillé de l'abondance.

Même dans les moments où sa réalité semble n'être faite que de manques, il s'ancre encore plus profondément dans sa conviction qu'il n'a jamais été aussi près de matérialiser ce qu'il désire viscéralement. En imagination, il crée déjà le scénario d'abondance qui lui procure instantanément la sensation de bien-être recherchée. Il s'ancre sur elle au cœur de son quotidien pour lâcher prise et agir de manière inspirée, afin de modifier sa réalité. Il n'oublie pas qu'une expérience visualisée provoque en lui les mêmes états internes qu'une expérience réelle. D'ou la règle d'or de ne jamais se faire de soucis, car c'est…

À chacun de choisir…

Chaque fois que je me surprends à me faire du souci sur un sujet quelconque de mon quotidien, je prends l'option catégorique de réorienter immédiatement ma pensée sur ce qui donne du sens, ici et maintenant, à ma vie. Quelles sont les valeurs essentielles qui animent ma motivation ?

Grâce à ce processus mental, je me reprogramme sur les ondes de la sérénité, de mes satisfactions et de l'abondance.

« Ne permettez à aucune pensée axée sur la pénurie de pénétrer dans votre esprit. »

ROBERT COLLIER

« *Cortège gagnant !* »

Scientifiquement, il a été démontré qu'environ 60 000 pensées me traversent l'esprit chaque jour. Et je sais que je crée sans cesse ma réalité, mon quotidien, donc ma vie... à travers ma manière d'interpréter les situations que je rencontre. Deux voies, deux boulevards même, se présentent à moi, toujours et en tout temps. La première, des plus obscures, est peuplée par une véritable colonie de pensées désagréables, génératrices de soucis, donc limitatives par essence. La seconde est habitée par une communauté de pensées infiniment plus fréquentables, car extrêmement agréables, rassurantes, et ouvrant les portes de toutes les possibilités.

Quelle que soit mon activité du moment, il est essentiel de rester conscient de la voie que j'emprunte et de savoir de quel côté penche ma balance, afin de cultiver naturellement l'état de l'efficience. Car, bien trop souvent, le cortège de mes pensées, qu'elles soient freinantes ou entraînantes, défile sans même que j'en sois conscient. C'est ce constat qui permet de franchir une étape de plus dans la pratique du processus naturel créateur : dès lors que je me répète constamment une pensée précise, cela devient une habitude, qui se déclenche en réponse à des stimuli spécifiques créés par les événements qui jalonnent mon existence. Or, dès qu'une habitude de penser s'est installée, elle ne peut qu'évoluer vers l'instauration d'une croyance, dont la couleur sera désagréable ou agréable.

Or ceci est capital, c'est là où se trouve la clé de la « réactivité » ou de la « proactivité », de l'échec ou du succès, de la peur ou de la confiance, de la confusion ou de la clarté, d'une façon d'interpréter l'existence comme une succession de problèmes à résoudre ou comme un univers d'opportunités, qui toutes, une fois bien interprétées et exploitées, vont concourir à matérialiser ma vision.

Ainsi, même dotée d'un potentiel exceptionnel, une personne habitée par des croyances restrictives ne pourra, à plus ou moins long terme, qu'échouer. Car, au plus profond d'elle-même, elle sent que la réussite est impossible, qu'elle n'est pas capable de la concrétiser, en fait, qu'elle ne la mérite pas ! Sans cesse, son dialogue intérieur lui énumère tout ce qui lui manque pour oser entreprendre différemment, avoir l'audace de lâcher les brides de sa créativité, et ainsi participer authentiquement, de tout son être, à la partie qui se joue en ce moment même dans sa vie.

L'Athlète de la Vie, quant à lui, cultive avec une patience infinie et une persévérance inamovible, sans oublier une envie féconde, ses fameuses racines intérieures du succès, en développant ses croyances énergisantes. Chaque jour, instant après instant, il prend soin de croire que la réussite lui est accessible, possible, qu'il est capable de la matérialiser et, surtout, qu'il la mérite amplement. Inéluctablement, il va trouver des ancrages dans ses expériences réussies et ses succès passés les plus divers.

Avant cela, il aura eu l'audace de prendre le temps de stopper sa course éperdue, afin d'observer ce qu'il avait créé jusque-là dans son existence et voir où penchait la balance... Ses observations lui auront indiqué si ses pensées avaient été plutôt limitatives ou entraînantes. Puis, il aura retroussé ses manches pour remplacer ses croyances freins par des possibles, méticuleusement, avec la même assiduité répétitive qu'il s'était forgé des limites.

Et, s'il fait partie de ces rares personnes à être naturellement enracinées dans une vision positive, il se sera appliqué à amplifier l'état de conscience de ce privilège infiniment précieux !

En ce moment précis, en tant qu'Athlète de la Vie, je décide donc de m'offrir du temps pour observer le défilé continu de mes pensées et le potentiel de ma création quotidienne, ceci sans jugement ni sentiment de culpabilité. Mon seul but est d'être totalement conscient de mon « ici et maintenant ». Et si celui-ci ne me convient pas, ou ne me convient plus, je prends l'option de construire un demain différent, harmonieux et radieux !

À chacun de choisir...

Je décide de supprimer de mon vocabulaire le mot «problème» et de me défaire de ma panoplie de «réparateur de ce qui ne fonctionne pas»... À partir de maintenant, je suis quelqu'un qui relève les défis, je deviens un véritable créateur. En effet, lorsque je dis à mon équipe: «Voilà les problèmes à résoudre», je plombe instantanément l'atmosphère, donc la performance. Lorsque je propose, en lieu et place: «Voilà les défis qui s'offrent à nous», toute l'atmosphère se transforme, s'allège, s'élève vers les possibles...

«Les gens qui doutent ne gagnent jamais et les gagneurs ne doutent jamais.»

AUTEUR ANONYME

« *Se taire pour être entendu !* »

Bien trop souvent, le territoire des relations humaines ressemble plus à un champ de bataille qu'à une oasis de sérénité. Que ce soit à la maison avec mes proches, au travail avec mes collègues ou supérieurs, au stade avec mes partenaires et entraîneurs, ou encore dans le domaine social…

Partout, l'incompréhension, le manque d'écoute et de considération, les conflits récurrents, alimentent pernicieusement les rencontres quotidiennes. L'ensemble de ce phénomène produit une dépense d'énergie colossale, qui épuise très rapidement mes réserves vitales et, du même coup, fragilise mon seuil de tolérance. Ce cocktail me rend très rapidement vulnérable sur un plan émotionnel et me fait appréhender toute rencontre comme un contexte propice à de nouvelles confrontations…

Les travaux du professeur de psychologie Albert Mehrabian nous indiquent que seuls les 7 % d'un message sont transmis par les mots que j'utilise, alors que 38 % vibrent à travers ma voix, les 55 % restant rayonnant à travers la gestuelle de mon corps et les expressions de mon regard… En clair, 93 % d'une communication réussie passe par le corps, par le physique, par la sensualité de ma présence, quel que soit le thème exploré. Que je sois époux, parent, patron, manager, entraîneur, professeur, étudiant, arbitre, politicien, musicien, chanteur…, mon corps dévoile ma pertinence ou trahit mon incompétence. Je peux toujours mentir avec mes mots, par contre il me sera impossible de tricher sans que mon corps ne me trahisse.

Tout mon épiderme transpire ma « présence » ou mon « absence » et dévoile les sentiments ressentis au plus profond de moi-même. Combien de fois ne me suis-je pas surpris à répéter obstinément les mêmes propos, pour me faire entendre d'un interlocuteur, alors que mon message « ne passe pas » ? Et plus je joue ainsi au perroquet, plus l'espace d'incompréhension grandit, accroissant toujours plus mon insatisfaction. C'est donc celle-ci qui va se diffuser encore plus intensément. Je m'échine à convaincre obstinément quelqu'un, en vain, puisque mon corps vibre et proclame le contraire de ce que je suis en train de dire…

L'Athlète de la Vie, lui, a intégré que son intégrité passe avant tout par un corps qui dégage une aura de confiance, grâce à l'appui d'une biochimie qui rassure, qui apaise, qui réconforte. Peu de mots lui sont alors nécessaires pour faire passer son message, car toute sa chair exprime avec cohérence ses intentions. Il sait que, pour que les autres le traitent avec respect, il se doit avant tout d'être respectueux envers lui-même.

Je découvre, ici et maintenant, que le meilleur moyen de bien me traiter est de prendre soin avec assiduité de mon corps. Car il est le véhicule permanent de ma communication. Le moindre de mes gestes dévoile sans cesse qui je suis véritablement. Le but n'est évidemment pas d'acquérir une technique mécanique visant à manipuler autrui, mais bien de cultiver l'authenticité, la spontanéité, véritable ancrage de puissance au cœur même de ma chair.

Quel que soit l'environnement, je rayonne ainsi une présence accueillante. Je suis une source naturelle d'harmonie, car je respire cet état intérieurement. Cette certitude viscérale me permet d'oser privilégier la spontanéité, où que je sois, et me procure sans faille les solutions les plus adéquates en toutes situations rencontrées. De plus, étant bien et parlant peu, la qualité de mon écoute sera des plus optimales, car je suis en « zéro jugement » et « zéro interprétation » des propos de mes interlocuteurs. Dans ce monde où chacun crie pour tenter d'être entendu, je deviens un interlocuteur recherché, car chacun se sent exister grâce à cette présence d'accueil. Je communique écologiquement, tout simplement…

À chacun de choisir…

Avant tout entretien, je prends quelques instants précieux pour me relâcher, grâce à quelques expirations profondes qui vont intensifier ma « présence à l'instant ». Je visualise une entente harmonieuse et j'apprends à pratiquer, encore et encore, une véritable écoute active.

« Plus un homme devient sage,
moins il cherche à prendre la parole. »

HAZRAT ALI

« Être sur la bonne longueur d'onde ! »

On trouve bien sûr dans le jargon populaire des expressions pleines de bon sens, par exemple : « On récolte ce que l'on sème », « Qui se ressemble s'assemble », ou encore « À bon chat bon rat ». De son côté, la nouvelle physique prône, quant à elle, la « loi de l'attraction », qui veut que tout vibre à une certaine fréquence et se mette en résonance avec des fréquences d'intensité identique. Les musiciens connaissent bien ce principe universel et savent que, si l'on touche la corde du do d'une guitare et qu'il se trouve dix autres guitares dans la pièce, elle va faire résonner le do de chacune d'elles sans aucun contact physique. C'est le fameux effet diapason !

Qu'est-ce que cela signifie pour moi au sein de mon quotidien ? Tout simplement que l'état émotionnel qui m'anime, que je *vibre*, va provoquer en retour un état vibratoire identique. Si donc je suis animé par de mauvaises humeurs, je ne dois pas m'attendre à rencontrer des personnes apaisantes… Si j'éprouve un profond état de frustration, je vais vivre une communication frustrante avec mes interlocuteurs… Si je suis dans un manque total de confiance en moi-même, alors des gens hésitants et des situations douteuses vont provoquer certainement un lot de confrontations.

L'Athlète de la Vie éprouve un malin plaisir à se servir de ce principe de résonance d'une manière proactive, ceci pour son propre bienfait. Si je suis radieux, je vois venir dans ma direction des conjonctions radieuses, des personnes animées par un sain enthousiasme… Si je m'attends toujours au meilleur, j'encourage la vie à m'offrir une quantité d'opportunités qui me permettront de concrétiser le meilleur… Alors que l'un craint de « tomber malade » ou « d'attraper un rhume », parce qu'il fait froid, que le temps est pluvieux et que les journaux dramatisent l'arrivée d'une grippe exotique, je puis quant à moi doper mon état physiologique, en préservant ma vitalité, grâce à l'exercice physique régulier, la relaxation, une alimentation saine et des activités plaisantes.

Comme le répétait Pasteur : « Le microbe n'est rien, le terrain est tout. » Je ne brûle donc pas inutilement mon énergie vitale en nourrissant un scénario des plus scabreux, voire terrifiant, dans ma tête fatiguée... Tout au contraire, je prends soin d'économiser ce précieux carburant mental, afin de *booster* mon attitude en direction de l'espoir, plutôt que dans celle des craintes.

Voilà à quoi ressemble la journée de l'Athlète de la Vie qui a compris qu'il est avant tout « leader de son quotidien ». Il diffuse naturellement un bien-être apaisant autour de lui. Il est pareil à une tour émettrice des plus puissantes, comme celle de la radio ou de la télévision. Un seul but l'anime : en émettant consciemment du bien-être, rencontrer des fréquences qui résonnent à l'unisson, pareillement dédiées au bien-être... Il est donc en même temps un récepteur très performant.

À chaque onde sa résonance : me syntonisant sur une fréquence précise, je ne puis capter que la longueur d'onde de cette fréquence. Il ne m'est pas possible d'écouter France Culture en affichant la fréquence d'NRJ. Et même si je m'énerve parce que je ne reçois pas le bon programme, rien ne changera tant que je n'aurai pas ajusté précisément le réglage de mon récepteur !

En résumé, soit j'émets de « basses fréqences » (peur, colère, tristesse, déprime...) et j'attire par résonance les obscures fréquences correspondantes, soit j'émets de « hautes fréquences » (joie, enthousiasme, amour, espoir, créativité...) et j'attire irrévocablement le même type de fréquences dans mon environnement immédiat. De surcroît, en émettant en « hautes fréquences » de manière constante, je me protège du même coup, et instantanément, contre toutes les « basses fréquences », puisque, en respect des lois de la physique, je ne peux attirer une fréquence qui possède un taux vibratoire différent. Le moyen absolu pour être protégé n'est donc jamais de craindre quelque chose, mais bien d'affirmer ce que je choisis de rayonner au quotidien : crainte ou confiance, mal-être ou bien-être, échec ou réussite ?

À chacun de choisir…

Pour guider mes pas sur le chemin d'une vie pleinement réussie, je me pose régulièrement la question suivante : « *Qu'est-ce que je ressens, ici et maintenant ?* » Si je ressens de la « haute fréquence », j'agis sans aucune hésitation. Par contre, si je suis animé par un sentiment de « basse fréquence », je me réaligne le plus rapidement possible sur le bien-être en mon corps, en pratiquant des respirations profondes, des mouvements fluides et en adoptant une posture vigoureuse, sans oublier de focaliser mon attention sur des éléments de ma vie que j'apprécie.

« Les humains peuvent modifier leur vie en modifiant leur façon de penser. »

WILLIAM JAMES

« De l'illusion du pouvoir à l'authenticité ! »

Le plus grand imposteur que j'ai rencontré à ce jour au cours de mon existence a pour nom le doute. À l'instar de millions d'autres personnes, je me suis laissé emprisonner par ce coupable d'une pollution perverse de mon quotidien.

À force de répéter ce scénario peu reluisant, qui vole à chaque journée son comptant d'espoirs et de véritables concrétisations audacieuses, je n'ai fait que plier toujours davantage l'échine sous son joug, renforçant du même coup son impact « castrateur ». Le cercle vicieux du manque de confiance en moi, en autrui, en la Vie, s'en est trouvé dès lors irrémédiablement enclenché, et cette mécanique, quelque part monstrueuse, a imposé son autorité ; si bien qu'il ne me vient même plus à l'esprit de le remettre en question...

Je subis, comme tant d'autres persécutés, inconscients d'être en fait nos propres persécuteurs, nos propres geôliers... Je me retrouve prisonnier d'un mal-être grandissant, dont la seule possibilité de libération, en quittant le rôle ingrat de la victime, paraît être la « réussite obligée », impliquant l'idée de se sentir réconforté par le regard approbateur, voire envieux, des autres : une quête illusoire qui amène, de fait, à rechercher coûte que coûte le pouvoir !

En effet, moins je ressens ce sentiment de plénitude intérieure symbole de confiance, plus je me précipite à l'extérieur afin de conquérir ce faux-semblant... C'est comme un virus qui détruira progressivement mon espace vital. Englué dans les sables mouvants de cet artifice, je deviens un faussaire (« faux air ») de la confiance. En effet, jamais une carte de visite, une fonction, un titre, un diplôme, un revenu, la grosseur d'une voiture ou la grandeur d'une maison, ni l'importance de mon avoir en banque, ne pourront me procurer cette certitude intérieure et viscérale : que je suis toujours au bon moment, au bon endroit et avec les bonnes personnes…

En tant qu'Athlète de la Vie, je m'entraîne par conséquent à vibrer de toute ma chair ce sentiment de confiance. Où que je me trouve, quoi que je fasse, quelles que soient les personnes qui m'environnent, je rassure. J'ai parfaitement intégré une vision claire de la situation présente. Deux routes s'offrent à moi, toujours : celle du pouvoir, qui n'est qu'un chemin trompeur, sans issue et destructeur, car il coûte chaque jour davantage d'énergie et épuise mes réserves vitales, ou celle de l'authenticité. Sur cette dernière, je peux me concentrer à cultiver la véritable puissance, la puissance intérieure, que je vais renforcer instant après instant, en vivant assidûment chacune de mes expériences pour en retirer la quintessence.

Cette faculté pérenne ne s'explique pas par des mots. Seuls la connaissent ceux qui ont eu l'audace de s'y engager. Elle se manifeste avant tout par le ressenti d'une ressource inépuisable, disponible en toutes circonstances, rejetant à des années-lumière le besoin de pouvoir, le sentiment de devoir convaincre qui que ce soit…

Dans la défaite comme dans le succès, la puissance bouillonne de la certitude que tout est à sa place. Que je subisse un revers provisoire ou que je gagne une partie, je n'y vois qu'une expérience de plus, qui était à vivre, afin de renforcer cette puissance intérieure. Pouvoir rime avec manipulation, puissance rime avec coopération.

L'Athlète de la Vie féconde donc chaque moment en pleine conscience pour créer son rêve, puis s'efface. Être puissant, c'est avoir cette capacité de générer et accroître l'opportunité qui surgit, puis de faire le vide et enfin de lâcher prise quant à la notion de sa propre importance. Celle-ci n'est que manifestation, totalement stérile, d'un ego non maîtrisé. Dès que je veux être quelqu'un, je me livre à la perverse illusion de pouvoir. Par contre, dès l'instant où j'accepte ma capacité innée à féconder, à créer spontanément quelque chose de neuf et d'éphémère, je génère en moi une puissance inébranlable et indestructible. Et l'omniprésence de la « proactivité » s'impose !

À chacun de choisir…

Dorénavant, je cultive cette puissance rassurante en fécondant tous mes instants en pleine conscience, pour bâtir tout simplement mon rêve : je laisse s'évanouir mon importance personnelle prétentieuse, afin de jouir pleinement de mon voyage, l'esprit et le corps légers.

« La confiance est un élément majeur : sans elle, aucun projet n'aboutit. »

Éric Tabarly

« Toujours m'attendre au meilleur ! »

Quel est le secret qui permet à certains de réussir harmonieusement tout ce qu'ils entreprennent, tandis que d'autres ne trouvent sous leurs pas hésitants, qu'un chemin quotidiennement semé d'embûches ? Ce si précieux secret se dévoile en fait aux yeux de celui qui s'est libéré du fardeau inquisiteur de l'hésitation.

Lorsque je subis mon quotidien, quelle que soit mon activité, je prononce inconsciement au fond de moi les mots-clés de toutes les limitations : « Oui, mais… ». Dans le jargon sportif, cela correspond à jouer ou concourir avec une certaine réserve, sans s'impliquer corps et âme, ce qui revient, en quelque sorte, à mimer l'action présente. Je ne suis pas véritablement engagé dans le match, dans la confrontation. Certes, avec mon oui, je suis bien sur le terrain, en revanche, le « mais » révèle les racines instables de mon attitude intérieure.

Ainsi, je ne crois pas réellement, viscéralement, que la réussite puisse se matérialiser concrètement. Je laisse toute sa place au doute, lequel induit pernicieusement une autolimitation de mon champ d'expression. Il me devient dès lors impossible de produire un résultat de qualité. La fébrilité habite les moindres parcelles de ma chair, et déstabilise mes actions. Elle induit d'emblée dans ma façon de penser des scénarios inquiétants, ce qui entraîne des expressions de craintes. Cela produit tout naturellement des résultats médiocres, ce qui, du même coup, permet de justifier mes doutes initiaux…

Pour incarner l'état d'esprit de tout Athlète de la Vie, une première démarche essentielle consiste à bannir de mon vocabulaire le mot « mais ». Seul le oui jaillit de mes tripes et me fait vibrer de tout mon être dans la réalisation de l'action entreprise parce que véritablement décidée. En prononçant ce oui magique, je franchis à tout jamais la frontière de la limitation, des craintes et des peurs cérébrales. Une seule issue s'impose à ce moment-là: l'évolution. Je ressens la justesse de l'action. Je ressens que tout conspire autour de moi pour m'aider à réaliser ce qui est vraiment important pour moi, en termes de valeurs. Aussi, dans la confiance en la pleine réalisation de mes entreprises, j'intègre le club plutôt fermé de celles et ceux qui respectent leur intégrité!

Cet engagement viscéral est un postulat, selon lequel tout va forcément se dérouler au mieux, quelles que soient les circonstances rencontrées. En optant pour cette vision constructive, je ne supprime pas la crainte, je la transcende tout simplement. Je l'épouse, je l'apprivoise. La crainte devient dès lors ma meilleure amie. Elle représente un guide attentionné, un signal phare, qui me pousse à AGIR, à sortir de ma zone de confort pour pouvoir me hisser à un niveau de conscience plus élevé, entraînant une compétence optimisée.

Chaque fois que la crainte apparaît, je sais qu'il est crucial pour moi de passer à l'action, d'être audacieux, d'oser, car c'est la Vie elle-même qui m'encourage à croître. En refusant d'agir, je nourris énergétiquement ce fantôme qui squatte mon espace vital en m'effrayant par des pensées trompeuses. Et plus je refuse l'action, plus sa dictature m'enferme dans une souffrance émotionnelle qui ne fera que croître...

En osant le oui, je m'éloigne au maximum des dramatisations mentales anciennes qui me polluaient sans cesse l'existence, et j'écoute désormais, en lieu et place, le message qui me pousse à agir, à être proactif enfin! Je suis porté par cette certitude intérieure que tout va se mettre en place, simplement, de façon fluide, rapidement et joyeusement. Gardons à l'esprit ce qu'Albert Einstein appelait habilement la *question prioritaire*: «L'Univers est-il amical ou inamical?» Notre choix de réponses ouvrira la porte à telle ou telle prophétie au sein de notre quotidien.

J'ai la saine audace de me démarquer et je laisse définitivement le «mais» dans les tréfonds de l'oubli. Seul le oui résonne fidèlement à travers mes pensées, mes paroles et mes actions. Et ce oui me permet de donner un *sens* à ma vie, ce sens qui est seul générateur des plus merveilleux résultats.

À chacun de choisir…

Dès cet instant, je franchis la frontière d'un monde limité, en supprimant de mon vocabulaire le mot « mais ». Dorénavant, seul le oui vibre dans ma chair, ma voix, ma tête et mon cœur ! Chaque fois que le « mais » désire apparaître, j'ose l'action résolument et sans concession ! Je me libère ainsi de mon passé étriqué… et m'ancre dans les terres du non connu, en pleine vigilance.

« L'avenir appartient à ceux qui croient à la beauté de leurs rêves. »

Eleanor Roosevelt

« *Ressentir, c'est vivre "plus"!* »

Pourquoi ai-je si souvent fait exclusivement confiance à mon seul raisonnement ? Comme une multitude de personnes, j'ai été amené à perdre mes racines à force de m'identifier entièrement à la seule vision du monde de mon mental. Alors qu'en fait, la sagesse du corps, avec le phénoménal potentiel de ses ressentis, représente un allié des plus puissants et des plus fiables. Grâce à lui, j'ai la capacité de pouvoir transcender ma mémoire répétitive qui rend stériles mes capacités créatrices et novatrices, pour redéfinir, encore et encore, ma soi-disant « réalité » !

La sensation physique représente donc une clé qui ouvre généreusement les portes de la spontanéité, donc d'une capacité de vivre accrue. Celle-ci m'offre l'opportunité de féconder chaque expérience en pleine conscience, bien loin de ces sempiternels scénarios, désuets et usants.

En tant qu'Athlète de la Vie, je réapprends le bonheur simple d'être pur ressenti. Cette ouverture sensuelle génère la capacité de savourer la véritable signification de mon quotidien. Je ne le vis plus en fonction d'un armada de concepts ingurgités tant bien que mal, au gré d'une certaine vérité, et j'ose plonger au cœur même de l'expérience grâce à cette pure écoute de mon corps, ancré dans le moment présent.

Pour cela, je me consacre jour après jour à cultiver cet empire de sensations qui donne constamment du pétillant à mon existence, enfin libéré de ce corset, qui labellise, qui castre, qui démantèle, sans aucune intelligence propre. J'ose être audacieux, m'aventurer, faire confiance à ces sensations agréables ou désagréables qui me poussent ou me retiennent d'aller dans telle ou telle direction, au lieu de vouloir me cantonner à choisir ce qui me paraît le plus raisonnable… Au fait, *raisonnable* aux yeux de qui, à l'avantage de qui ?

Je commence sans plus attendre le précieux apprentissage de ressenti, conscient dans ma propre chair, mon propre vécu de l'instant, du choix qui vibre « juste » dans les circonstances présentes. Du même coup, les pensées répétitives s'effacent et font place à la paix du silence. Quelle réjouissance de ressentir l'eau sur mon corps lors de ma douche, la brise sur mon visage, la chaleur et le goût d'un breuvage, les contractions et le relâchement de ma musculature, une poignée de main, le son de ma voix, la douceur d'une étreinte, une tension subite à un moment d'entretien, pourtant anodin…

Je m'engage corps et âme à savourer « en direct » chaque expérience, avec l'appui de mes sens. C'est bien la vie à l'état brut et noblement « sauvage » !

À pratiquer cet entraînement avec constance, je vais remarquer le fossé vertigineux qui me séparait de cette réalité sensitive aux couleurs chatoyantes. Je passe si souvent mon temps à croire que je vis, sans me rendre compte que je gaspille l'intensité de mes instants, donc du riche et généreux potentiel de mes expériences, piégé que je suis en me perdant à l'infini dans des réflexions sérieuses.

En tant qu'Athlète de la Vie, je m'investis totalement à redonner de l'épice à mon chemin. Je ne place pas mes repères dans les certitudes d'autres personnes, même reconnues comme expertes dans un passé plus ou moins récent, mais je découvre, par mon propre ressenti, ce qui est « juste », ce qui a du sens pour moi, ici et maintenant. Même si quelque chose fut un jour l'objet d'une découverte remarquable, et que cela me semble encore valable aujourd'hui, je reste conscient que tout l'environnement a changé, évolué… Aucune chose n'est figée, voilà où réside l'excitation de faire ses propres expériences !

À moi seul de ressentir ce qu'il vaut la peine de vivre à travers elles. Délicieux privilège que je ne peux approcher, courtiser, qu'en m'immergeant totalement dans l'instant, grâce à la boussole magique de mon corps ! Tout alors redevient une quête, cette « légende personnelle » si chère à Paulo Coelho. En vivant ce jeu de piste surprenant, il m'est impossible de faner, car seule cette vigilance peut me guider avec clarté à bon port.

À chacun de choisir…

Je deviens conscient que je passe mon temps, complètement à mon insu, à réfléchir mon quotidien. Pour retrouver l'équilibre et l'excitation du voyage, et plus seulement le désir du but, je me consacre avec assiduité à vivre ma vie avec beaucoup plus de ressenti. Il m'ouvrira naturellement n'importe quelle porte prétendue infranchissable. Pour cela, je prends le temps de savourer, de goûter à travers mon corps, ce que je rencontre sur mon chemin. Je souris ma vie à chaque instant !

« ***Le sourire est la langue universelle de la bonté.*** »

William Arthur Ward

« *Les bonnes questions !* »

Quelle belle et précieuse opportunité pour moi que de me consacrer cet espace-temps privilégié que m'offre l'ultime « découverte » de ce recueil pour me poser les bonnes questions ! Au cœur de la dernière étape de ce parcours passionnant, je me donne la permission avec plaisir, de m'arrêter, afin de me relancer d'autant mieux dans une spirale d'expansion. Car mon quotidien ne changera pas, sous prétexte, par exemple, qu'une nouvelle année commence... Ce changement, je dois le créer en moi !

En tant qu'Athlète de la Vie, je m'isole, ici et maintenant, proactivement, laissant de côté la litanie qui me serine que je m'y consacrerai plus tard, ayant autre chose de plus important à terminer... Que peut-il bien y avoir de plus important, en effet, que de savoir si ma manière d'aborder mon existence au quotidien produit les résultats agréables escomptés ?

Alors, et surtout, je me remémore (et m'en imprègne) l'équation pragmatique du succès ou de l'échec :

- mes pensées se transforment en paroles ;
- mes paroles deviennent des actions ;
- mes actions façonnent des résultats, agréables ou désagréables.

Ma responsabilité est totale dans la saine gestion de ce processus naturel créatif ! Je me dois donc de m'appliquer à formuler et exprimer positivement ce que je désire, par exemple : « J'apprécie de vivre libéré de la fumée » plutôt que « je ne veux plus fumer »...

Et voici 7 questions que je vais me poser, ce sera mon cadeau pour fêter ce que je veux être un nouveau départ dans la vie, cadeau infiniment précieux :

– *« Qu'ai-je accompli de positif jusqu'à ce jour ? »*

– *« Qu'est-ce qui a particulièrement bien fonctionné et enrichi ma "stratégie de succès" ? »*

– *« Qu'est-ce que je peux améliorer encore dans ma "stratégie de succès" ? »*

– *« Quels sont mes objectifs précis pour les années à venir, dans mes univers personnel, professionnel, familial et social ? »*

– *« Quel est l'objectif que je mets en priorité, car il produira le maximum d'effets bénéfiques sur l'ensemble de ma démarche ? »*

– *« Quelles sont les étapes que je détermine, en "balises" pour cet objectif prioritaire ? »*

– *« Par quoi est-ce que je commence,* ***tout de suite****? »*

À chacun de choisir…

En ouvrant de temps à autre ce livre « au hasard », je vais y trouver, comme par magie, la réponse à la question que je me pose, la solution pour apprivoiser une situation délicate, et une source d'inspiration intarissable !

« La plus grande découverte de ma génération est que l'être humain, en changeant son mental et son attitude intérieure, peut changer tous les domaines de sa vie. »

WILLIAM JAMES,
Père de la psychologie américaine

Remerciements

À toutes ces personnes, de par le monde, qui m'ont fait confiance et qui ont cru en mon travail, que ce soit à travers mes ouvrages ou nos programmes de formation *Intemo*®. Merci à vous d'être une incarnation de l'Athlète de la Vie au sein de votre quotidien, afin de bâtir dès aujourd'hui le monde de demain.

À mon ami et éditeur Michel Ferron, qui vibre avec puissance au quotidien la sagesse de l'Athlète de la Vie, ainsi qu'à toute l'équipe des éditions Un monde différent pour leur fidèle investissement afin de promouvoir mon travail.

À Olivier Lasser, pour la conception graphique de la couverture.

À Guillaume Dopffer, pour la qualité de sa présence et à toute l'équipe des Messageries ADP pour leur soutien.

À Marc Maillard, ami et fidèle partenaire de l'aventure *Intemo*®.

À Sonja Schneider, qui incarne avec grâce le besoin simple de créer le beau.

À la Petite Thérèse…

Et enfin à tous ceux qui s'entraînent à développer une attitude proactive, afin d'apporter tout simplement un peu plus de joie au quotidien !

Nous contacter :

Faire aujourd'hui
ce que tous feront demain !

Le leadership naturel de l'*Athlète de la Vie !*

Une « formation nouvelle » éminemment concrète et fructueuse, parce que, enfin, émotionnellement ancrée !
Destinée aux entreprises, managers, équipes, et à toute personne souhaitant cultiver l'art de devenir « Athlète de la Vie »

Contactez-nous
pour en savoir plus sur nos programmes, pour recevoir le courrier mensuel « Découverte » :

info@intemo.ch

Retrouvez-nous :

www.intemo-ch
www.thierryschneider.com

CHEZ LE MÊME ÉDITEUR

Liste des livres:

«45 secondes» qui changeront votre vie, *Don Failla*
52 façons de développer son estime personnelle et sa confiance en soi, *Catherine E. Rollins*
52 façons simples de dire «Je t'aime» à votre enfant, *Jan Lynette Dargatz*
1001 maximes de motivation, *Sang H. Kim*
L'ABC d'une bonne planification financière, *Marc Beaudoin, Philippe Beaudoin et Pierre-Luc Bernier*
Abracadabra, comment se transformer en un bon gestionnaire et un grand leader, *Diane Desaulniers*
Accomplissez des miracles, *Napoleon Hill*
Agenda du Succès *(formats courant et de poche), éditions Un monde différent*
Aidez les gens à devenir meilleurs, *Alan Loy McGinnis*
À la recherche de soi et de l'autre, *Marilou Brousseau*
À la recherche d'un équilibre: une stratégie antistress, *Lise Langevin Hogue*
Allez au bout de vos rêves, *Tom Barrett*
Allumeur d'étincelles (L'), *Marc André Morel*
Amazon.com, *Robert Spector*
Amour de soi: Une richesse à redécouvrir (L'), *Marc Gervais*
Ange de l'espoir (L'), *Og Mandino*
Anticipation créatrice (L'), *Anne C. Guillemette*
À propos de..., *Manuel Hurtubise*
Apprivoiser ses peurs, *Agathe Bernier*
Art de réussir (L'), *collectif de conférenciers*
Ascension de l'âme, mon expérience de l'éveil spirituel (L'), *Marc Fisher*
Athlète de la Vie, *Thierry Schneider*
Attitude 101, *John C. Maxwell*
Attitude d'un gagnant, *Denis Waitley*
Attitude gagnante: la clef de votre réussite personnelle (Une), *John C. Maxwell*
Attitudes pour être heureux, *Robert H. Schuller*
Augmentez votre intelligence financière, *Robert T. Kiyosaki*
Avant de quitter votre emploi, *Robert T. Kiyosaki et Sharon L. Lechter*
Bien vivre sa retraite, *Jean-Luc Falardeau et Denise Badeau*
Bonheur et autres mystères, suivi de La Naissance du Millionnaire (Le), *Marc Fisher*
Bonheur s'offre à vous: Cultivez-le! (Le), *Masami Saionji*
Cancer des ovaires (Le), *Diane Sims*
Ce que vous devez savoir avant de mourir, *John Baptist Izzo*
Ces forces en soi, *Barbara Berger*
Ces parents que tout enfant est en droit d'avoir, *Claire Pimparé*
Chaman au bureau (Un), *Richard Whiteley*
Changez de cap, c'est l'heure du commerce électronique, *Janusz Szajna*
Chanteur de l'eau (Le), *Marilou Brousseau*
Chemin de la vraie fortune (Le), *Guy Finley*
Chemins d'Emma Rose (Les), *Emma Rose Roy*
Chemins de la liberté (Les), *Hervé Blondon*
Chemins du cœur (Les), *Hervé Blondon*
Choix (Le), *Og Mandino*
Cinquième Saison (La), *Marc André Morel*
Clé (La), *Joe Vitale*
Cœur à Cœur, l'audace de Vivre Grand, *Thierry Schneider*
Cœur plein d'espoir (Le), *Rich DeVos*
Comment réussir l'empowerment dans votre organisation? *John P. Carlos, Alan Randolph et Ken Blanchard*
Comment se faire des amis grâce à la conversation, *Don Gabor*
Comment se fixer des buts et les atteindre, *Jack E. Addington*
Communiquer: Un art qui s'apprend, *Lise Langevin Hogue*
Communiquer en public: Un défi passionnant, *Patrick Leroux*
Contes du cœur et de la raison (Les), *Patrice Nadeau*

Coupables… de réussir, *collectif de conférenciers et de formateurs*
Créé pour vivre, *Colin Turner*
Créez votre propre joie intérieure, *Renee Hatfield*
Cupidon à Wall Street, *Pierre-Luc Poulin*
Dauphin, l'histoire d'un rêveur (Le), *Sergio Bambaren*
Débordez d'énergie au travail et à la maison, *Nicole Fecteau-Demers*
Découverte par le Rêve (La), *Nicole Gratton*
Découvrez le diamant brut en vous, *Barry J. Farber*
Découvrez votre destinée, *Robin S. Sharma*
Découvrez votre mission personnelle, *Nicole Gratton*
De la part d'un ami, *Anthony Robbins*
Dépassement total, *Zig Ziglar*
Destin : Sérénité, *Claude Norman Forest*
Développez habilement vos relations humaines, *Leslie T. Giblin*
Développez votre leadership, *John C. Maxwell*
Devenez la personne que vous rêvez d'être, *Robert H. Schuller*
Devenez influent, neuf lois pour vous mettre en valeur , *Tony Zeiss*
Devenez une personne d'influence, *John C. Maxwell et Jim Dornan*
Devenir maître motivateur, *Mark Victor Hansen et Joe Batten*
Dites oui à votre potentiel, *Skip Ross*
Dix commandements pour une vie meilleure, *Og Mandino*
Dix secrets du succès et de la paix intérieure (Les), *Wayne W. Dyer*
De docteur à docteur, *Neil Solomon*
Don (Le), *Richard Monette*
Donner sans compter, *Bob Burg et John David Mann*
École des affaires (L'), *Robert T. Kiyosaki et Sharon L. Lechter*
En route vers le succès, *Rosaire Desrosby*
Envers de ma vie (L'), *Marie-Chantal Toupin*
Envol du fabuleux voyage (L'), *Louis A. Tartaglia*
Esprit qui anime les gagnants (L'), *Art Garner*
Et si la vie c'était plus que ça ? *Andreas Abele*
Eurêka ! *Colin Turner*
Éveillez en vous le désir d'être libre, *Guy Finley*
Éveillez l'étincelle (L'histoire magique de *Frederic Van Rensselaer Dey* et Un message pour Garcia d'*Elbert Hubbard*
Éveillez votre pouvoir intérieur, *Rex Johnson et David Swindley*
Évoluer vers le bonheur intérieur permanent, *Nicole Pépin*
Excès de poids et déséquilibres hormonaux, *Neil Solomon*
Facteur d'attraction (Le), *Joe Vitale*
Faire aujourd'hui ce que tous feront demain ! *Thierry Schneider*
Faites la paix avec vous-même, *Ruth Fishel*
Faites une différence, *Earl Woods et Shari Lesser Wenk*
Favorisez le leadership de vos enfants, *Robin S. Sharma*
Feu sacré du succès (Le), *Patrick Leroux*
Fonceur (Le), *Peter B. Kyne*
Formation 101, *John C. Maxwell*
Fuir sa sécurité, *Richard Bach*
Graines d'éveil, *Vincent Thibault*
Grande Mascarade (La), *A.B. Winter*
Guide de survie par l'estime de soi, *Aline Lévesque*
Guide pour investir, *Robert T. Kiyosaki et Sharon L. Lechter*
Hectares de diamants (Des), *Russell H. Conwell*
Heureux sans raison, *Marci Shimoff*
Homme est le reflet de ses pensées (L'), *James Allen*
Homme le plus riche de Babylone (L'), *George S. Clason*
Homme qui voulait changer sa vie (L'), *Antoine Filissiadis*
Il faut le croire pour le voir, *Wayne W. Dyer*
Il n'en tient qu'à vous ! *Ray Vincent*
Illusion de l'ego (L'), *Chuck Okerstrom*
Indépendance financière grâce à l'immobilier (L'), *Jacques Lépine*
Initiation : récit d'un apprenti yogi (L'), *Hervé Blondon*

Intuition: savoir reconnaître sa voix intérieure et lui faire confiance, *J. Donald Walters*
Jeune de cœur: André Lejeune, une voix vibrante du Québec (Le), *Marilou Brousseau*
Je vous défie! *William H. Danforth*
Joies du succès (Les), *Susan Ford Collins*
Journal d'un homme à succès, *Jim Paluch*
Joy, tout est possible! *Thierry Schneider*
Jus de noni (Le), *Neil Solomon*
Laisser sa marque, *Roger Fritz*
Leader, avez-vous ce qu'il faut?, *John C. Maxwell*
Leadership 101, *John C. Maxwell*
Légende des manuscrits en or (La), *Glenn Bland*
Lever l'ancre pour mieux nourrir son corps, son cœur et son âme, *Marie-Lou et Claude*
Livre des secrets (Le), *Robert J. Petro* et *Therese A. Finch*
Lois de l'harmonie (Les), *Wayne W. Dyer*
Lois dynamiques de la prospérité (Les), *Catherine Ponder*
Magie de croire (La), *Claude M. Bristol*
Magie de voir grand (La), *David J. Schwartz*
Maître (Le), *Og Mandino*
Mana le Dauphin, *Jacques Madelaine*
Marketing de réseau 101, ce que vous devez savoir, *Joe Rubino et John Terhune*
Marketing de réseaux, un mode de vie (Le), *Janusz Szajna*
Massage 101, *Gilles Morand*
Maux pour le dire… simplement (Les), *Suzanne Couture*
Mégavie…, mon style de vie (La), *Robin S. Sharma*
Mémorandum de Dieu (Le), *Og Mandino*
Messagers de lumière, *Neale Donald Walsch*
Mes valeurs, mon temps, ma vie! *Hyrum W. Smith*
Miracle de l'intention (Le), *Pat Davis*
Mission? Passions! *Aline Lévesque*
Moine qui vendit sa Ferrari (Le), *Robin S. Sharma*
Moments d'inspiration, *Patrick Leroux*
Momentum, votre essor vers la réussite, *Roger Fritz*
Mon bonheur par-delà mes souffrances, *Vania et Francine Fréchette*
« Mon père, je m'accuse d'être heureux », *Linda Bertrand* et *Bill Marchesin*
Né pour gagner, *Lewis Timberlake et Marietta Reed*
Noni et le cancer (Le), *Neil Solomon*
Noni, cet étonnant guérisseur de la nature (Le), *Neil Solomon*
Noni et le diabète (Le), *Neil Solomon*
Noni et ses multiples avantages pour la santé (Le), *Neil Solomon*
Nos enfants riches et brillants, *Robert T. Kiyosaki et Sharon L. Lechter*
Nous: Un chemin à deux, *Marc Gervais*
Ode à la joie (L'), *A.B. Winter*
On se calme… L'art de désamorcer le stress et l'anxiété, *Louise Lacourse*
Optimisez votre équipe: Les cinq dysfonctions d'une équipe, *Patrick Lencioni*
Osez Gagner, *Mark Victor Hansen et Jack Canfield*
Ouverture du cœur, les principes spirituels de l'amour (L'), *Marc Fisher*
Ouvrez votre esprit pour recevoir, *Catherine Ponder*
Ouvrez-vous à la prospérité, *Catherine Ponder*
Pardon, guide pour la guérison de l'âme (Le), *Marie-Lou et Claude*
Pensée positive (La), *Norman Vincent Peale*
Pensez du bien de vous-même, *Ruth Fishel*
Pensez en gagnant! *Walter Doyle Staples*
Père riche, père pauvre, *Robert T. Kiyosaki et Sharon L. Lechter*
Père riche, père pauvre (la suite), *Robert T. Kiyosaki et Sharon L. Lechter*
Périple vers la paix intérieure, le chemin de l'amour, *Marie-Lou et Claude*
Performance maximum, *Zig Ziglar*
Personnalité plus, *Florence Littauer*
Petites actions, grands résultats, *Roger Fritz*
Petites douceurs pour le cœur, *Nicole Charest*

Philosophe amoureux (Le), *Marc Fisher*
Plaisir de réussir sa vie (Le), *Marguerite Wolfe*
Plus beaux paysages et panoramas de golf au Québec (Les), *Nadine Marcoux*
Plus grand miracle du monde (Le), *Og Mandino*
Plus grand mystère du monde (Le), *Og Mandino*
Plus grand succès du monde (Le), *Og Mandino*
Plus grand vendeur du monde (Le), *Og Mandino*
Plus grands coachs de vente du monde (Les), *Robert Nelson*
Plus vieux secret du monde (Le), *Marc Fisher*
Pour le cœur et l'esprit, *Patrick Leroux*
Pouvoir de la pensée positive (Le), *Eric Fellman*
Pouvoir de la persuasion (Le), *Napoleon Hill*
Pouvoir de vendre (Le), *José Silva et Ed Bernd fils*
Pouvoir magique des relations d'affaires (Le), *Timothy L. Templeton et Lynda Rutledge Stephenson*
Pouvoir triomphant de l'amour (Le), *Catherine Ponder*
Pouvoir ultime : vers une richesse authentique, *Pascal Roy*
Prenez du temps pour vous-même, *Ruth Fishel*
Prenez rendez-vous avec vous-même, *Ruth Fishel*
Prenez de l'altitude. Ayez la bonne attitude !, *Pat Mesiti*
Principes spirituels de la richesse (Les), *Marc Fisher*
Progresser à pas de géant, *Anthony Robbins*
Propos sur la différence, *Roger Drolet*
Prospérité par les chemins de l'amour : De la pauvreté à l'épanouissement : mon histoire (La), *Catherine Ponder*
Provoquez le leadership, *John C. Maxwell*
Quand on veut, on peut ! *Norman Vincent Peale*
Quel Cirque ! *Jean David*
Qui va pleurer… quand vous mourrez ? *Robin S. Sharma*
Règles ont changé ! (Les) *Bill Quain*
Relations 101, *John C. Maxwell*
Relations efficaces pour un leadership efficace, *John C. Maxwell*
Relations humaines, secret de la réussite (Les), *Elmer Wheeler*
Renaissance, retrouver l'équilibre intérieur (La), *Marc Gervais*
Rendez-vous au sommet, *Zig Ziglar*
Retour du chiffonnier (Le), *Og Mandino*
Réussir à tout prix, *Elmer Wheeler*
Réussir grâce à la confiance en soi, *Beverly Nadler*
Réussir n'est pas péché, *collectif de conférenciers et formateurs*
Réussir sa vie : Les chemins vers l'équilibre, *Marc Gervais*
Rien n'est impossible, *Christopher Reeve*
Sagesse des mots (La), *Baltasar Gracián*
Sagesse du moine qui vendit sa Ferrari (La), *Robin S. Sharma*
S'aimer soi-même, *Robert H. Schuller*
Saisons du succès (Les), *Denis Waitley*
Sans peur et sans relâche, *Joe Tye*
Savoir vivre, *Lucien Auger*
Secret (Le), Rhonda Byrne
Secret d'un homme riche (Le), *Ken Roberts*
Secret de la rose (Le), *Marc Fisher*
Secret est dans le plaisir (Le), *Marguerite Wolfe*
Secrets de la confiance en soi (Les), *Robert Anthony*
Secrets d'une communication réussie (Les), *Larry King et Bill Gilbert*
Semainier du Succès (Le), *éditions Un monde différent ltée*
Six façons d'améliorer votre santé grâce au noni, *Neil Solomon*
Sommeil idéal, guide pour bien dormir et vaincre l'insomnie (Le), *Nicole Gratton*
Stratégies de prospérité, *Jim Rohn*
Stratégies du Fonceur (Les), *Danielle DeGarie*
Stratégies pour communiquer efficacement, *Vera N. Held*
Succès d'après la méthode de Glenn Bland (Le), *Glenn Bland*
Succès n'est pas le fruit du hasard (Le), *Tommy Newberry*

Succès selon Jack (Le), *Jack Canfield et Janet Switzer*
Technologie mentale, un logiciel pour votre cerveau (La), *Barbara Berger*
Télépsychique (La), *Joseph Murphy*
Tendresse : chemin de guérison des émotions et du corps par la psycho-kinésiologie (La), *Hedwige Flückiger et Aline Lévesque*
Testament du Millionnaire (Le), *Marc Fisher*
Tiger Woods : La griffe d'un champion, *Earl Woods et Pete McDaniel*
Tout est dans l'attitude, *Jeff Keller*
Tout est possible, *Robert H. Schuller*
Tracez votre destinée professionnelle, *Mylène et Mélanie Grégoire*
Ultimes secrets de la confiance en soi (Les), *Robert Anthony*
Ultime équilibre yin yang (L'), *Mian-Ying Wang*
Un, *Richard Bach*
Une larme d'or, *Sally Manning et Danièle Sauvageau*
Une meilleure façon de vivre, *Og Mandino*
Une révolution appelée noni, *Rita Elkins*
Univers de la possibilité : un art à découvrir (L'), *Rosamund et Benjamin Stone*
Université du succès, trois tomes (L'), *Og Mandino*
Vaincre l'adversité, *John C. Maxwell*
Vie est magnifique (La), *Charlie « T. » Jones*
Vie est un rêve (La), *Marc Fisher*
Vieux Golfeur et le Vendeur (Le), *Normand Paul*
Visez la victoire, *Lanny Bassham*
Vivez passionnément, *Peter L. Hirsch*
Vivre Grand : développez votre confiance jusqu'à l'audace, *Thierry Schneider*
Vivre sa vie autrement, *Eva Arcadie*
Voies de la réussite (La), *collectif de conférenciers*
Vous êtes unique, ne devenez pas une copie !, *John L. Mason*
Vous inc., découvrez le P.-D. G. en vous, *Burke Hedges*
Voyage au cœur de soi, *Marie-Lou et Claude*
Zoom sur l'intelligence émotionnelle, *Travis Bradberry et Jean Greaves*

Liste des disques compacts :

Conversations avec Dieu, *Neale Donald Walsch*
Créez l'abondance, *Deepak Chopra*
Dix commandements pour une vie meilleure, (disque compact double) *Og Mandino*
Lâchez prise ! (disque compact double) *Guy Finley*
Mémorandum de Dieu (Le), (deux versions : Roland Chenail et Pierre Chagnon), *Og Mandino*
Père riche, Père pauvre, (disque compact double) *Robert T. Kiyosaki et Sharon L. Lechter*
Quatre accords toltèques (Les) (disque compact double), *Don Miguel Ruiz*
Sept lois spirituelles du succès (Les) (disque compact double), *Deepak Chopra*

En vente chez votre libraire ou à la maison d'édition
Prix sujets à changement sans préavis

Si vous désirez obtenir le catalogue de nos parutions, il vous suffit de nous écrire à l'adresse suivante :

Les éditions Un monde différent ltée
C.P. 51546
Succursale Galeries Taschereau
Greenfield Park (Québec), Canada J4V 3N8
ou de composer le 450 656-2660 ou 800 443-2582 ou le téléco. 450 659-9328
Site Internet : http://www.unmondedifferent.com
Courriel : info@umd.ca